FIM DA LINHA

O crime do bonde

Rafael Guimaraens

FIM DA LINHA

O crime do bonde

Libretos

Porto Alegre, 2021
1ª reimpressão

Copyright ©2018, Rafael Guimaraens
©2021, Rafael Guimaraens

Edição/Design gráfico
Clô Barcellos

Foto de capa
Largo do Mercado Público de Porto Alegre/RS, década de 1920.
Museu de Comunicação Hypólito José da Costa

Foto do autor
Karol Andrade

Revisão
Célio Klein

Esta obra segue o Acordo Ortográfico da Língua Portuguesa de 1990.

Dados Internacionais de Catalogação na Publicação
Daiane Schramm - CRB 10/1881

G943f   Guimaraens, Rafael
           Fim da Linha - O crime do bonde. /
        Rafael Guimaraens. – Porto Alegre:
        Libretos, 2018. 1ª reimp., 2021.
           268p.; 15,5 x 23cm
           ISBN 978-85-5549-040-8
           1. Literatura. 2. Romance. I. Título.
           CDD 869

Todos os direitos desta edição
reservados à Libretos Editora.
Rua Peri Machado, 222 bloco B, 707
90130-130 — Porto Alegre — RS
Fone (51) 32333804
libretos@libretos.com.br
www.libretos.com.br

SUMÁRIO

7
I. Artimanhas do acaso

15
II. O livro de Carlos

91
III. O folhetim de Dallila e Eduardo

137
IV. A redenção de Carlos

193
V. Eduardo e seus demônios

215
VI. A tragédia do bonde circular

233
VII. A justiça dos homens de bem

259
VIII. Armadilha do destino

I.

ARTIMANHAS DO ACASO

Eduardo Pereira da Costa perde a hora da consulta médica, e se dirá mais tarde que este pequeno contratempo teria sido a faísca que acionou os insondáveis mecanismos do acaso rumo ao desfecho inapelável. Não fosse o atraso, ele não estaria na sacada quando os fatos se passaram, portanto, não teria visto o que viu e não se sentiria compelido a fazer o que fez. Outros, contudo, irão ponderar que Eduardo, ainda que ele próprio não tivesse plena consciência da dimensão de seu drama, já estava corroído por pensamentos obscuros. Portanto, a tragédia era questão de tempo.

De qualquer forma, é incontestável que Eduardo se atrasa para a consulta com o gastroenterologista Luiz Guerra Blessman. Quando se dá conta, já passaram uns bons minutos das onze da manhã e ele precisa correr os quase cem metros entre a joalheria A Esmeralda, que gerencia desde a aposentadoria do pai, para se dedicar ao cultivo de bromélias, e o pequeno prédio do consultório, localizado ao lado da Casa Masson. Sobe esbaforido até o segundo andar e encontra a antessala repleta de pacientes com a dor estampada em seus rostos. Deverá esperar a próxima brecha para ser atendido, o que ativa a sua irritação, pois detesta quando as coisas não transcorrem conforme a sua vontade.

Aguarda inquieto. Senta-se no sofá, cruza e descruza as pernas, apanha um jornal sobre a mesa. *O Correio do Povo* deste dia 30 de outubro de 1926 destaca o atentado contra o *Duce* Benito Mussolini em Bolonha. Um jovem anarquista acercou-se do primeiro-ministro, buscou a pistola que trazia sob o casaco e disparou contra ele à queima-roupa, porém o projétil acertou a fivela de uma medalha que Mussolini levava ao peito, salvando sua vida. Eduardo lê a notícia até o trecho que relata o linchamento do rapaz pela multidão enfurecida – "o corpo do assassino apresentava sinais de estrangulamento, além de 14 punhaladas" –, mas logo se desinteressa. Recoloca o jornal na mesa, levanta-se e anda em círculos pela antessala ruminando sua contrariedade.

Os olhares curiosos dos demais pacientes o aborrecem ainda mais. Resolve caminhar até a sacada estreita espremida entre dois janelões e é alvejado pela luz solar, o que o obriga a apertar os olhos e lentamente reabri-los. Então pode contemplar, diante de si, a Rua da Praia fervilhar nesta manhã de sábado, como se todos tivessem decidido sair à rua ao mesmo tempo para celebrar o sol inteiriço que ilumina Porto Alegre, após a monumental enchente que retardou em um mês o início da primavera.

O solaço obriga os comerciantes da calçada onde se situa o consultório a estenderem seus toldos para proteger as vitrines e os fregueses. Do outro lado da rua, onde estão as lojas mais frequentadas, não é necessário, pois a posição solar oblíqua desta época do ano proporciona uma sombra suficiente para cobrir toda a largura da calçada até o meio-fio.

Poucos metros à sua direita, à altura da sacada, o imponente relógio da Casa Masson, posicionado de modo perpendicular à fachada para ser visto de toda a rua, já marca 11 e 20. À sua frente, automóveis se embrenham em pequenos congestionamentos, nos quais seus impacientes condutores tentam se impor à base de buzinaços. Nas calçadas, senhores de ternos claros em tecidos leves disputam espaço com madames elegantes, que transitam de loja em loja em busca das novidades da moda primavera-verão.

Acomoda os cotovelos no parapeito e se distrai com a agitada aglomeração diante da Livraria do Globo, à sua esquerda, onde homens de chapéus e bengalas polemizam sobre algum tema candente, a julgar pela gesticulação acirrada dos envolvidos. Em um determinado momento, a conversa cessa. Todos olham para a mesma direção e erguem seus chapéus de modo simultâneo. Eduardo sente, então, um arrepio. O alvo das atenções é sua própria esposa Dallila, que passa diante deles de mãos dadas com a pequena Aldara, filha do casal, de seis anos de idade.

Duas horas atrás, ela esteve na joalheria e comportou-se como se entre os dois reinasse a mais absoluta normalidade. Sequer mencionou o fato de ele ter dormido no sofá da sala na noite anterior. Informou que faria algumas compras e depois iria ao dentista, antes de voltar para casa. Ainda perguntou se deveria esperá-lo para o almoço.

Agora, ele revê Dallila a flanar pela Rua da Praia, com seu vestido amarelo que se salienta entre os trajes coloridos das mulheres, a cabeleira negra coberta em uma touca bege. Sua beleza resplandecente magnetiza a atenção de quem cruza por ela, deixando um rastro de olhares e sorrisos maliciosos dos homens. Eduardo incomoda-se com o ritmo despreocupado de seu andar, a mistura de desdém e lisonja com que recebe os galanteios. Um fotógrafo tenta convencê-la a tirar uma foto. Ela recusa e troca risos com a filha, como se as duas fossem crianças.

O desfile de Dallila lhe agrava as dores abdominais. Decide interpelar a atendente para apressar a consulta. Porém, ao virar-se para o interior da antessala, seus olhos captam de relance uma imagem imprecisa da rua que permanece latejando em sua retina. Retorna à sacada e avista, agora com nitidez, um homem despregar-se do grupo da Livraria do Globo e caminhar no encalço da esposa. Aperta os olhos e tem a impressão de conhecer, não recorda de onde, o sujeito de roupa escura que passa a persegui-la balançando sua bengala.

A partir desse momento, a cena desenrola-se como uma peça de teatro, na qual dois personagens se movimentam entre dezenas de figurantes no vasto cenário da Rua da Praia – uma peça da qual ele, Eduardo, é o único espectador. Da sacada do segundo andar, ele acompanha tudo com os olhos. Dallila atravessa a esquina com a Rua Marechal Floriano, que alguns ainda chamam de Rua da Bragança, e desaparece no meio da multidão para os lados da Casa Krahe, bem à sua direita. Ele gira o pescoço para o outro lado e vê o tipo no rastro dela. Pensa em descer à rua, mas teme perdê-los de vista.

Projeta o corpo ao máximo sobre o parapeito da sacada, a ponto de quase perder o equilíbrio, mas já não consegue enxergar o vestido amarelo da esposa na enxurrada humana que vem e vai. Também perde de vista o perseguidor. Passam-se alguns minutos exasperantes. O calor aumenta. Eduardo sua aos borbotões. Retira o lenço do bolso alto do paletó e esfrega no pescoço e na testa. O movimento cresce com a proximidade do meio-dia. Funcionários das lojas saem à rua para a folga do almoço. Alunos do Ginásio Anchieta descem alegremente a ladeira da Bragança e invadem a Rua da Praia com gritos e gargalhadas, implicando-se entre si, a comemorar o fim de semana.

Por fim, o vestido amarelo de Dallila destaca-se entre os transeuntes. Ela retorna ao seu campo de visão um tanto agitada e se enfia na Pharmacia Brazil, bem defronte à sacada do consultório. Da sacada, procura o tipo com os olhos. Não o distingue de início e sente um breve alívio, mas logo nota que ele se conserva, na esquina, com as costas apoiadas no poste diante dos escombros da antiga Casa Atlas, onde em breve será construído em grande edifício.

A enfermeira pronuncia seu nome, mas ele se mantém estaqueado na sacada com os olhos arregalados na farmácia aguardando o desfecho da milimétrica e sincronizada sucessão de olhares e gestos, impulsos e esquivas entre Dallila e o perseguidor. Então, o reconhece: é o mesmo homem que viu na noite anterior, no bar inglês do Grand Hotel.

Ela desponta na porta da farmácia e retorna à esquina com a filha. Quando a vê, o sujeito caminha em sua direção, quase a encostar-se nela. Parece murmurar algo ao seu ouvido. Eduardo fica furioso. Chega a *desejar* que a esposa aceite a proposta do estranho, pois aí estariam confirmadas as suas suspeitas e, mesmo com a desonra, lhe restaria a razão. Contudo, Dallila reage com rispidez, desvia do perseguidor e acelera o passo, puxando a menina, até a parada do bonde.

Sem dúvida, ela o repeliu, mas, aos olhos do marido, a rejeição parece evidenciar, em paradoxo, algum tipo de intimidade suspeita entre os dois. O homem não se dá por vencido. No ponto do bonde, volta a assediá-la. Dallila lhe vira o rosto e entabula uma conversa forçada com a filha, alheia ao que acontece. Eduardo sente vontade de pular a janela.

A atendente acerca-se dele:
– O doutor Guerra o aguarda.

Neste momento, o bonde circular desce a Rua da Bragança vindo dos lados da Duque de Caxias, corta o trânsito da Rua da Praia e estaciona na parada um pouco abaixo da esquina, com um rangido das rodas nos trilhos e faíscas nas carretilhas. Dallila embarca com a filha. O tipo parece vacilar por alguns momentos, chega a recuar dois passos, como a desistir da empreitada, mas quando o bonde começa a se movimentar é impulsionado a subir no vagão pela porta dos fundos.

– Senhor Costa, por favor... – insiste a atendente.

Ele a ignora. Desce as escadas do consultório em desabalada correria, tropeçando nos degraus. Chega à esquina esbarrando nos transeuntes e observa o bonde distanciar-se rumo ao Mercado Público. Através do vidro traseiro, consegue ver o vestido de Dallila no interior do vagão e o tipo ocupar o assento ao lado dela. Eduardo limpa o suor do rosto. Ao recolocar o lenço no bolso, sua mão sente o volume do revólver preso ao coldre alto, sob o paletó.

II.

O LIVRO DE CARLOS

Julho de 1909. A República vive a maior crise desde sua proclamação. O presidente Augusto Penna morre faltando menos de um ano para o fim de seu mandato sem definir o seu sucessor. O nome que ele defendia, do ministro da Fazenda, David Campista, fora rechaçado pelo político mais importante do país, o senador gaúcho Pinheiro Machado, e pelo baiano Ruy Barbosa. Nesse vácuo político, o ministro da Guerra, Hermes da Fonseca, lança sua candidatura, de pronto adotada por Pinheiro Machado. Contra a opção militar, cria-se o Movimento Civilista, que enfrenta dificuldade para encontrar um candidato para representá-lo nas eleições marcadas para 1º de março do ano seguinte, desde que o diplomata José Maria da Silva Paranhos Júnior, o Barão do Rio Branco, recusou a indicação.

O alvoroço diário em torno da Rua Treze de Maio transborda pelos seus pouco mais de cem metros de extensão, do Teatro Lyrico, o mais sofisticado do Rio de Janeiro, o qual, nos tempos do Império, se chamava Dom Pedro II, até o imponente edifício da Imprensa Nacional, na esquina com a Rua dos Barbonos. Antes da Lei Áurea, a Treze de

Maio tinha o nome de Rua Guarda Velha. Passados vinte anos, muitos continuam a chamá-la assim porque esse também é o nome da cervejaria mais antiga do Brasil, instalada defronte ao teatro. Nos primeiros tempos, fabricava uma cerveja sem rótulo, apelidada de *Barbante*, pois trazia a rolha presa em um cordão amarrado ao gargalo. Ao lado da fábrica, os proprietários instalaram o Jardim Concerto, que se tornou uma espécie de meca da vida mundana do Rio de Janeiro. Assim, o leito da rua delineia o contraste entre o mundo *chic* do Teatro Lyrico e a boemia fremente da calçada oposta.

Na outra ponta da rua, a movimentação é diurna e gira em torno do palacete da Imprensa Nacional, o qual ocupa um quarteirão inteiro e chama a atenção pela esquisitice de sua arquitetura, uma mescla do ágil funcional inglês com o austero gótico germânico. Ao centro, as duas torres pontudas que ladeiam o portão principal projetam-se acima da altura do segundo andar, dando ao prédio um aspecto de castelo de conto de fadas. A um canto do casarão, conserva-se o velho chafariz da Carioca, o qual desemboca na escadaria para o convento São Francisco da Penitência, nos altos do Morro Santo Antônio.

No térreo do edifício, as gigantescas máquinas de linotipia e impressão trepidam dia e noite para imprimir códigos, leis, compêndios, relatórios, livros didáticos e tudo o mais que interessar à República. No lado contrário à gráfica, um grupo de meia centena de mulheres habilidosas se encarrega da costura e da encadernação das publicações oficiais. No andar superior, funcionam as diretorias, os diversos departamentos administrativos e o salão onde trabalham os trinta revisores das publicações.

Entre eles vamos encontrar Carlos, um rapaz de cabelos brilhantes de tão pretos, sobrancelhas espessas e uma boca de lábios grossos por onde exprime uma loquacidade descomunal. Em vez de "revisor", prefere ser chamado de "auxiliar de escrita", e tem a função de redigir os cabeçalhos dos decretos a serem impressos nos boletins oficiais.

Nesta quinta-feira, dia 22 de julho de 1909, dia dedicado a Santa Maria Madalena, ele demonstra uma inquietação acima do normal. Quando o badalo do relógio de parede marca três e meia da tarde, junta a papelada em dois maços, pula da cadeira e se dirige ao birô ocupado pelo chefe do setor, João Martins Pacheco.

– Seu João, estes estão prontos – alcança o calhamaço que traz à mão direita. – Estes outros, não consegui terminar – ele ergue a mão esquerda com a outra folharada.

O chefe o mira por cima dos óculos e confere o horário.

– Pois termine. Ainda faltam duas horas para o final do expediente.

– Mas hoje eu preciso sair mais cedo.

– Outra vez? – impacienta-se o chefe. – Já não bastam as licenças para o estudo?

– São duas coisas diferentes – responde o rapaz, apanhando o paletó no cabide coletivo do salão. – Às licenças eu tenho direito, está no regulamento. Hoje, é uma atividade de representação.

O chefe desdenha.

– Deixe eu lhe explicar – Carlos insiste. – Às quatro horas, começa um *meeting* no Largo São Francisco e eu preciso comparecer. O senhor sabe, sou representante da Junta Acadêmica na campanha civilista e preciso discursar em nome dos estudantes.

O chefe perde a serenidade:

– Meu rapaz, afinal de contas, o que você tem contra o marechal Hermes, um homem justo, que foi um excelente ministro?

— A deslealdade! Atraiçoou o presidente ao sabotar a candidatura de David Campista para limpar o próprio caminho. Inebriou-se da sede de poder.

— O marechal é quem vai nos salvar das oligarquias! — grita um colega às suas costas.

O rapaz vira-se para ele e simula uma gargalhada.

— Ah! Ah! Ah! Que disparate! Pelo contrário, a candidatura dele só vingou quando recebeu apoio das oligarquias estaduais e da grande oligarquia do Senado. Estou enganado ou é o todo-poderoso Pinheiro Machado quem fabricou aquela convenção fajuta de maio e agora leva a candidatura do marechal pela coleira?

— O diretor não quer saber de política por aqui — irrita-se o chefe.

— Por isso mesmo é que estou indo para o Largo. Aliás, seu João, se eu quisesse fazer política aqui na repartição, estaria protestando contra os atrasos do pagamento. Já são três meses que não recebemos o ordenado em dia.

— Com essa arrogância, você não vai chegar a lugar nenhum, rapaz.

— Preciso ir, chefinho. Amanhã eu faço serão — promete, já vestindo o paletó.

— Amanhã, vamos ter uma conversa séria, isso sim — diz o chefe, tentando resguardar um pingo de autoridade diante dos demais funcionários.

Carlos cruza o salão ouvindo piadas e ironias.

Na porta de saída, volta-se para os colegas.

— Cordeirinhos! Se vocês tivessem vergonha na cara, em vez de se preocuparem comigo estariam organizando uma greve contra os atrasos do ordenado.

Deixa a sala sob os resmungos dos colegas e desce a escadaria aos pulos. Da porta do palacete da Imprensa Oficial, vê o bonde passar e é obrigado a correr para alcançá-

-lo. Salta no estribo com o vagão em movimento e agarra-se no corrimão, ante a censura do motorneiro.

– Se você cai, quem se estrepa sou eu!

Aos 22 anos, Carlos já trabalhou como repórter em quatro grandes jornais da Guanabara – *Correio da Manhã*, *Correio da Noite*, *Diário de Notícias* e *O Século* –, mas não durou em nenhum deles, traído por uma autossuficiência que tendia ao conflito. Pelas mesmas razões, foi "convidado" a se afastar da Faculdade de Direito do Rio de Janeiro na metade do curso. Graças à influência do pai, o engenheiro Olympio Leão, ex-presidente da Companhia Férrea Mogyana, conseguiu matrícula para concluir os dois anos restantes na Universidade de São Paulo, mesmo morando e trabalhando na capital federal. Assim, tornou-se um passageiro assíduo do trem noturno entre o Rio de Janeiro e São Paulo e falta ao trabalho pelo menos duas vezes por semana.

O bonde circunda o Largo da Carioca e toma a direção da Avenida Central. À altura da Alfaiataria Colombo, Carlos aciona o cordão da campainha. Salta do bonde antes que ele pare completamente e recebe outro xingamento do motorneiro. Atravessa a avenida e enfia-se na estreita e movimentada Rua do Ouvidor. Caminha em zigue-zague a passos largos para desviar da barafunda diante da Confeitaria Paschoal e do Café Java, e da romaria de ávidas consumidoras que circunda a loja Notre Dame e a Casa Sloper.

Um pouco antes das quatro da tarde, abre-se diante dele o Largo São Francisco de Paula. Uma multidão concentra-se em torno da estátua de José Bonifácio. Contorna o quadrilátero do largo pela direita até o lado oposto, onde se impõe o prédio da Escola Polytechnica. Entre as cerca de duas centenas de estudantes procura o amigo Alfredo, também dirigente da Junta Acadêmica.

– Espetáculo – sorri, ofegante, apontando para a praça.

– Acima do esperado – responde Alfredo. – O pessoal tem medo que a turma do marechal provoque alguma baderna. Por isso, ficou decidido que o ato será breve e apenas vai falar o doutor Estácio, do Centro Cívico.

– Eu não vou falar? – Carlos murcha.

– Não. É mais prudente. Tem um contingente de cavalaria da Força Policial de prontidão ali atrás do prédio – ele aponta com o dedo polegar por cima do ombro. – Contei uns vinte praças. Acho que só agirão se houver tumulto. Mas dá uma olhada ali.

Alfredo aponta para o advogado Nicanor do Nascimento, um notório encrenqueiro, famoso por defender delinquentes. Ele circula pelo Largo com um ar de deboche e mantém palestras com alguns tipos suspeitos, estrategicamente posicionados nas esquinas.

– Veio acompanhado de capangas. Que desfaçatez!

– E olha quem também apareceu – Alfredo espicha o queixo para o outro canto da praça, onde desponta a figura balofa e desajeitada do comerciante Pinto de Andrade, a caminhar em círculos, fumando sem parar.

– Esse aí fareja confusão.

– É bom ficar de olho.

Na hora marcada para o início do *meeting*, o dentista Estácio Pessoa, presidente do Centro Cívico, aparece no Largo vindo da Rua do Ouvidor.

– Começamos bem – comenta com seus acompanhantes, surpreso com a quantidade de gente mobilizada para o evento.

Ele cumprimenta os presentes e sobe em um pedestal de madeira instalado junto à estátua para dar início ao discurso. Os estudantes mantêm-se à distância, aglomerados diante do prédio da faculdade.

– Dando curso à justa reação que se opera em nosso país em uma louvável repulsa do civismo nacional contra essa obediência passiva que os prepotentes querem imprimir a toda nação brasileira...

– Toda a nação brasileira, não! – interrompe Pinto de Andrade, colocando-se diante do orador. Recebe uma vaia estrepitosa que sufoca os mirrados aplausos dos integrantes de seu grupo.

– Como eu dizia antes de ser bruscamente aparteado – prossegue Estácio –, esse movimento de reação se avoluma de norte a sul do país, na proporção que se vai avultando a onda dos prosélitos por um governo civil para a suprema direção dos destinos de nossa pátria.

– Não apoiado! – interfere Andrade.

– Cala a boca! – alguém grita.

O discurso do orador é interrompido a todo momento por manifestações de apoio e contestações, estas partidas de Pinto de Andrade e seu grupo. Com grande dificuldade, Pessoa consegue chegar ao final, quando convoca os presentes para a convenção da Junta Nacional marcada para 22 de agosto, onde será escolhido o candidato civil.

– Admitir a hipótese de vitória do candidato militarista é aceitar o retrocesso! Tenhamos certeza de que os ilustres membros da Junta saberão interpretar as legítimas aspirações da opinião pública, desanuviando de nosso horizonte essa tempestade que ameaça desabar sobre nossa soberania! Viva a República! Viva o governo civil! Viva o povo brasileiro!

Quando Estácio Pessoa desce do pedestal, Pinto de Andrade apressa-se a ocupar o seu lugar, aos empurrões.

– Não venham falar em opinião pública! Vocês são uns recalcados! Viva a gloriosa convenção de maio! Morram os civilistas, traidores da pátria! Vocês hão de engolir a espada do marechal, queiram ou não queiram! Quando o marechal Hermes assumir o governo vai saber como agir com vocês! – esbraveja.

Sua manifestação é recebida com protestos e chacotas. Um dos integrantes do Centro Cívico, o médico Paulo Demoro, o censura:

– Recolha-se à sua insignificância, palhaço!

Enfurecido, Pinto de Andrade saca um punhal e investe contra Demoro. Só não o atinge porque o guarda civil Álvaro Augusto de Souza, plaquinha 1.024 no quepe, consegue desarmá-lo.

– Prende! Prende! – gritam os manifestantes.

Pinto de Andrade coloca-se no centro de um grupo de guardas, que impedem a aproximação dos civilistas enraivecidos.

– Viram? Eles estão aqui para me proteger – ele debocha.

O conflito recrudesce em troca de socos e bengaladas ao redor da estátua. Os adeptos do marechal estão em minoria, mas os capangas de Nicanor do Nascimento sacam suas pistolas e se encaminham ao centro do Largo para acudi-los. Ouvem-se gritos e tiros disparados para o alto. Da Rua do Teatro, despontam os cavalarianos da Força Policial com suas espadas desembainhadas. Os cavalos corcoveiam e escorregam seus cascos no piso de pedras portuguesas. Da frente da faculdade, os estudantes irrompem em passeata até o local do conflito:

– Viva a República civil! Viva o Barão do Rio Branco! Viva Ruy Barbosa!

Protegido por seus comparsas, Nicanor do Nascimento resgata Pinto de Andrade do meio da balbúrdia e o arrasta em direção à Rua do Ouvidor. Carlos percebe a fuga estratégica e sacode o braço para seus colegas:

– Atrás deles!

Uma massa de estudantes e populares afunila através da Rua do Ouvidor no encalço dos fugitivos. Os transeuntes buscam abrigo nas calçadas, abrindo uma clareira no meio da rua, onde se dá a perseguição. Alguns lojistas cerram as portas de seus estabelecimentos. Os jornalistas das redações d'*A Tribuna*, *Folha da Tarde* e *A Notícia* se debruçam nas janelas, alguns saem à calçada com blocos de notas e máquinas fotográficas. Nicanor carrega Pinto de Andrade pelo braço, resguardado por seus comparsas de revólver em punho. Na metade da quadra, o grupo ingressa no prédio onde fica o escritório de Nicanor, ao lado da Casa Edson. Os manifestantes tentam arrombar a porta, aos murros. Diante do edifício, Carlos sobe em um caixote de madeira e toma a palavra:

– Acabamos de assistir ao *modus operandi* desta malta de cafajestes, cuja ação em prol da candidatura do marechal Hermes não é somente um insulto ao povo brasileiro, mas uma demonstração do que será o dia de amanhã se o militarismo vencer!

O moço é ovacionado pela multidão, aos gritos:

– Viva a República! Abaixo o marechal!

O discurso que havia preparado para o Largo ele o pronuncia ali, na Rua do Ouvidor:

– A candidatura do marechal Hermes foi urdida na deslealdade e na traição. Não há mais dúvidas quanto à formidável mistificação preparada e proclamada no conciliábulo de maio. O nome do marechal surgiu envolto nos cobertores tecidos nos escaninhos da politicagem caprichosa do caudilhismo.

Faz uma pausa e mira com os olhos o segundo andar do escritório, onde Nicanor o espreita com uma expressão de ódio.

– Sabemos muito bem o significado dessa partitura, em cuja execução atua como regente o senador Pinheiro Machado. Só por esse detalhe já sabemos qual música vão querer que nós dancemos. Mas não vamos aceitar essa dança. Vamos derrotar o militarismo para colocar o Brasil...

Não consegue terminar a frase. Por uma fresta da janela, vê brilhar um cano de pistola apontada para ele. Segue-se um disparo. O projétil zune no ouvido do jovem orador e provoca uma clareira no grupo de manifestantes.

– Estão atirando!
– Assassinos!

Carlos sente uma leve ardência no ombro e enxerga um rasgão em sua fatiota que começa a se tingir de sangue. Olha assombrado para Alfredo. Este o empurra para um canto seguro. Passada a perplexidade inicial, a multidão tenta invadir o prédio, mas é dispersada pelos agentes da Guarda Civil e da Força Policial.

O Jardim Concerto da Guarda Velha é uma espécie de território livre da distração e da libertinagem. Aos finais de tarde, abriga uma legião de boêmios, jornalistas, funcionários, artistas, ébrios de todo o tipo, moças em busca de companhia ou de alguns trocados e desocupados com pouco ou nenhum dinheiro, já que o estabelecimento não cobra ingresso por seus números artísticos, a cargo de cançonetistas, dançarinos e coristas de várias nacionalidades perdidos na noite do Rio de Janeiro. As mesas esparramadas sob as árvores troncudas do vasto pátio anexo ao galpão da cervejaria moldam um ambiente de conversas em voz alta, risos desmedidos e trocas de olhares insinuantes.

Ali é o chão de Carlos, que costuma aparecer aos finais do expediente na Imprensa Nacional para beber com os artistas e, mais tarde, privar da intimidade das coristas. As notícias correm velozmente. À noite, todos no Jardim Concerto já sabem dos distúrbios da tarde durante o *meeting* no Largo São Francisco, dos quais Carlos tornou-se o principal personagem. Quando surge no portão é alvo de olhares de admiração, tal qual uma celebridade. No caminho até a mesa onde os colegas da Junta Acadêmica comemoram a "vitória" dos civilistas sobre os asseclas do militarismo é cumprimentado pelos contumazes parceiros de boemia.

A primeira a abraçá-lo é a corista Manon, que há um mês fora levada a Porto Alegre por um apaixonado político gaúcho.

– Já de volta? – ele pergunta.

– O homem me trancou em uma pensão de Porto Alegre, sem poder sair à rua nem conversar com ninguém. Cansei. Um dia, fui ao cais, gastei minhas economias para comprar uma passagem de navio e vim embora, meio fugida.

– É o que dá se meter com gaúcho.

Alguns passos adiante, o ator Cristiano, astro de um número de transformismo às sextas-feiras, o cumprimenta e reclama que sofreu uma tentativa de "bolina" no interior de um bonde.

– Um artista do meu gabarito bolinado por um cobrador de bonde, pode?

– Pelo menos o tipo era bonito?

– Ainda se fosse... – o rapaz suspira.

Quando se aproxima da mesa dos acadêmicos, é saudado com palmas e assovios. Rômulo, tesoureiro da Junta Acadêmica, lhe aponta o dedo como se fosse um revólver e simula um disparo. Carlos finge ter sido alvejado, põe as mãos no peito e cambaleia as pernas. Em seguida, abre um sorriso.

Os colegas querem novidades.

– Fui à Polícia e dei parte contra o Nicanor por tentativa de assassinato.

– Foi o próprio mesmo quem atirou?

– Se não foi ele, foi algum pau mandado. Vamos exigir uma investigação rigorosa para punir esse psicopata.

– E o ferimento?

– Só de raspão. Na vinda, fiz um curativo na Assistência.

O garçom Chico é chamado à mesa para renovar o abastecimento de cervejas. Aparece com uma bandeja com os dois produtos da casa, a cerveja Guarda Velha e a *stout* Urso Negro.

– Branca ou preta? – o garçom pergunta.

– Acho que preciso de algo mais forte. Me dá uma Urso.

Quando Chico serve seu copo, Carlos ergue um brinde.

– Se eu estivesse morto, vocês estariam bebendo em minha homenagem, seus canalhas. Confessem!

– Ao nosso herói, que por pouco não partiu dessa pra pior – Rômulo propõe.

– Aos bravos estudantes, nós mesmos, que pusemos a correr a matilha do militarismo! – Carlos emenda.

– Saúde!

– Às cuecas do Pinto gordo que, a esta altura, devem estar na lavanderia!

– E ao patife do Nicanor, que deve estar procurando o topete até agora!

– Saúde!

– À turma do marechal!

– E à gangue do Pinheiro Machado!

Os jovens batem copos.

– Falando nisso, há tempo que você não imita o caudilho! – pede Rômulo.

– Não, não! Pode ter gente dele em volta – responde Carlos. – Não quero mais encrenca pro meu lado.

– Tá com medo? Imita, vamos! Diga aí, general. Como foi urdida a candidatura do marechal?

Por fim, rende-se aos apelos gerais. Bebe um longo gole de cerveja, estufa o peito, apoia o cotovelo direito na mesa e espicha o braço esquerdo com a mão espalmada para baixo. Olha ao redor com uma pose de superioridade e começa a falar, imitando o timbre de voz e o sotaque gaúcho do senador, com vogais marcantes e os "l"s sonoros.

– Efetivamente, quando não se alcançou a fórmula que pudesse conjugar ao redor dela todos os *espúrios*, digo, todos os espíritos, verificamos que a maioria das vontades se congregava em torno do marechal *Vermes*. Quero dizer, marechal Hermes.

Os rapazes caem na gargalhada. Ele prossegue.

– Desde que a maioria das opiniões prestigia o nome do digno senhor Hermes não temos, *pos*, o direito de recusar esta *cavalgadura*, digo, esta candidatura, pois vossa *excrescência*, ou melhor, Vossa Excelência é dono de todos os signos para merecer esta alta *ditadura*, digo, investidura que lhe conferirá a nação representada pela maioria dos *excrementos*, ou melhor, dos elementos políticos dirigentes.

– É o próprio!

Os amigos riem, assoviam, esfregam seus cabelos. No entorno, alguns se divertem, outros protestam em altos brados. Cria-se um clima de provocações, que logo desvanece. Em uma mesa ao lado, um casal ri da imitação e aprova com movimentos de cabeça. Carlos põe os olhos na jovem. É uma bela moça de olhos travessos e o riso um tanto exagerado de quem busca chamar a atenção. Ela valoriza, com ênfase de gestos, a conversa do acompanhante, mas seu olhar, a todo momento, desvia-se na direção de Carlos. Entre os dois se estabelece um flerte sutil, no qual dialogam a insistência dele e o olhar furtivo de parte dela.

– É naquele abismo que eu vou me atirar – ele cochicha aos amigos.

– Vale o sacrifício – apoia Rômulo, enquanto Alfredo reage.

– A moça está acompanhada. Não arranje mais confusão.

O cançonetista Bahiano aparece no palco trajando uma fatiota surrada, com remendos nos joelhos e cotovelos, e um boné, o qual tira e bota de forma incessante.

– Vou lhes contar uma história muito pitoresca que aconteceu comigo, e para me ajudar vou pedir a ajuda da exuberante Lola! – aponta para uma rapariga vestindo apenas corpete e calçola, com uma maquiagem caricata. Ela ingressa no palco saltitante, num rebolado que arranca assovios generalizados.

Bahiano começa seu número com uma malícia debochada no olhar e move o corpanzil com suave malemolência.

– Eu sou um rapaz arteiro
Para as moças conquistar
Mesmo sem dinheiro
Eu sei as agradar
E quando algum marido
Me apanha a fazer algo
Para correr decido
Fujo como um galgo.

Sorri para os aplausos e começa a contar:
– Os senhores hão de julgar que é mentira, mas garanto que não é. Há um dia estava eu, à mesa do Jardim Concerto, quando de repente vejo entrar uma linda dama – aponta

para Lola, que faz pantomimas conforme as sugestões do cançonetista. – Mas ela estava acompanhada de seu companheiro de *lutas*. Ao me ver, envolveu-me num olhar tão sedutor, mas tão sedutor, que eu fiquei, de fato, seduzido. E quando o marido se distraiu a conversar com um amigo, ela deu-me um sorriso, e depois...

Volta à cançoneta.

– Assim me coloquei
Com o meu boné
Os olhos ocultei
Com o meu boné
Sempre me acautelei.

A troca de olhares entre Carlos e a moça já é indisfarçável, menos para o acompanhante da moça, que fala sem parar tentando impressioná-la e não percebe o que acontece. Bahiano prossegue sua cançoneta.

– Um pouco mais adiante
nós dois nos ajuntamos.
No mesmo instante
Nosso rumo combinamos
Ficou deliberado
Irmos pro meu chalé
Então de braço dado
Para lá fomos mesmo a pé...

– Sim, a pé, porque – revira os bolsos para fora – dinheiro para pagar a passagem do bonde não havia.

Bahiano canta gingando o corpo, enquanto Lola realiza sua performance, na qual se transfigura da ingenuidade à malícia:

– Estava o quarto às escuras
Quando subi com ela
Depois, todo ternura

Fui acendendo a vela
Então, abraçado à minha beleza
Estive a brincalhar
Enquanto a vela esteve acesa.

O cançonetista enfatiza o duplo sentido da palavra vela e simula uma dança erótica com Lola. O público vai ao delírio. Carlos vira-se para o lado e percebe quando o acompanhante da jovem se afasta da mesa. Segue com o olhar o sujeito se dirigir à *toilette*. Depressa, ergue-se e dá cinco passos até a jovem.

– Marido ou namorado?
– Pretendente.
– Prazer. Meu nome é Carlos, seu criado – estende-lhe a mão.
– Beatriz.

Curva o corpo quase a encostar seu rosto no dela. Fala baixo, para não atrapalhar o número de Bahiano.

– Sabe, Beatriz, que hoje andei pela Rua do Ouvidor, a Avenida Central, o Largo São Francisco. Vi uma quantidade de mulheres bonitas, mas nenhuma com a sua beleza, a alvura de sua pele, o *rouge* do cabelo, os lábios carnudos.

A moça enrubesce.

– Só de conhecê-la, dormiria o sonho dos anjos, mas se for possível, gostaria de dar continuidade à nossa conversa num momento mais apropriado.

Beatriz olha nervosa para os lados da *toilette*. Por fim, lhe confidencia.

– Moro numa pensão junto ao Largo do Machado. À meia-noite, vou estar por lá.

Ele abre um sorriso e se afasta, justo no momento em que o acompanhante da jovem retorna à mesa.

No palco, Bahiano continua a narrar sua saga sentimental, a esta altura simulando uma expressão de saciedade.

– E quando a *vela* se apagou, não podíamos ficar às escuras. Resolvemos dar um passeio. Quando íamos já distantes, o cujo, que andava a procurá-la, aparece de supetão. Sem me dar tempo para fugir, com um bengalão enorme começou a me descarregar bengaladas. E eu, o que havia de fazer?

Na mesa, Carlos comenta com Alfredo e Rômulo.

– Uma diabrete. Bendita a aliança da mulher com satanás.

– Que um dia te levará à ruína – responde Alfredo. – Lembre da advertência de Baudelaire: *C'est le diable qui tient les fils qui nous remuent.*

– *Les Fleurs du Mal.* Pois, com todo o respeito ao mestre, eu contradigo: *C'est le famme qui tient les fils qui nous remuent.*

Da mesa ao lado, alguém pede silêncio, no momento em que o cançonetista chega ao clímax de sua tragicomédia.

– *Com o meu boné*
Perdão lhe implorei
Com o meu boné
Bengaladas aparei
Com o meu boné
Um plano formulei
Quando me vi solto
Sebo nas canelas dei.

Tira o boné da cabeça e faz uma mesura para receber os aplausos e gargalhadas do público.

Carlos vira-se para Alfredo:

– Meu querido amigo, sabe por que você vai se dar bem na vida e eu, não?

– Porque sou filho de senador – refere-se ao pai, o catarinense Hercílio Luz.

– Talvez, mas também porque você é prudente. Pensa muito e se arrisca pouco.

– Penso com a cabeça. Você, com outras partes do corpo.
– Mas pelo menos a minha vida será mais divertida.
– Provavelmente, mais curta – retruca Alfredo.
Carlos solta uma risada de desdém e ergue o copo:
– Um brinde à vida!

Faltam três dias para a convenção de 22 de agosto. No Centro Acadêmico da Faculdade de Direito, diante de um mapa do Brasil coberto de telegramas *western*, um grupo de estudantes confere a ordem de chegada das delegações dos estados e dos representantes avulsos. Carlos ficou encarregado de recepcionar a comitiva gaúcha, chefiada pelo ex-diplomata Joaquim Francisco Assis Brasil, presidente do Partido Democrático Rio-grandense, dissidente do castilhismo.

Em muitos lugares, os civilistas de pequenos municípios não terão como comparecer à convenção. Nesses casos, os próprios estudantes irão representá-los, através de procurações. Eles dão ênfase ao Estado da Bahia, na certeza de que, nesta tarde, Ruy Barbosa responderá *sim* aos apelos para aceitar a candidatura. Assim, Carlos será delegado do município de Maragogipe, onde nunca esteve, graças a uma ata aprovada em um encontro do qual participaram cinco civilistas locais. Alfredo irá representar a cidade de Catu, Rômulo ficou com Itaberaba, e assim por diante.

Em meio ao trabalho de conferência, Rômulo aparece exibindo um exemplar da revista *Careta*, tendo uma caricatura do gaúcho Assis Brasil na capa, com a legenda *Intransigência republicana*.

– Atenção! Peço a todos uma pausa. Quero revelar que temos um literato entre nós! Olhem só o que encontrei na *Careta*!

Ante os olhares curiosos, folheia a revista até encontrar o que procura.

– Vou ler para vocês:

Lápide. Fechou-se a tumba, ó coração deserto
Onde é que está o amor que me juraste?
Onde repousa de ósculos coberto
O rosto peregrino que adoraste?

Carlos tenta tirar-lhe a revista das mãos. Rômulo o mantém afastado com a palma da mão em seu peito para concluir a leitura:

– Falei assim ao coração um dia
Quando o céu azul vinha raiando
O clarão da lua então surgia
E ele me respondeu, quase em segredo:
"Basta que nós, somente, ó miserando,
Morramos sós, bem sós, neste degredo."

– Embaixo, cita o nome do autor, cujo vem a ser esta criatura – aponta para Carlos e lhe entrega a revista.

Este olha a página com um sorriso encabulado.

– Parabéns – Rômulo o abraça –, mas acho que só resolveram publicar porque não aguentavam mais tantos poemas do nosso amigo na caixa de correspondência da revista.

Os outros cercam Carlos para cumprimentá-lo.

– Escolheram logo o mais tétrico – ele comenta. – Mais tarde, pago uma rodada de cerveja.

Nesse momento, Alfredo chega ao salão com uma aparência de desânimo.

– Que cara é essa? Olha, um poema do Carlos saiu na *Careta*!

— Parabéns, mas tenho uma má notícia. O doutor Ruy respondeu ao pedido do Pedro Moacir — refere-se à carta do deputado gaúcho suplicando que Ruy Barbosa aceitasse a candidatura.

— O que disse?

— "Não devo, não posso convir de modo algum com a condição de candidato"— escreveu o doutor Ruy, com essas palavras.

Carlos joga a revista sobre a mesa.

— Diacho!

— Não temos o Barão do Rio Branco, não teremos Ruy Barbosa. O que nos resta? — lamenta Rômulo.

— Campos Salles, Bernardino Campos...

— Esses não empolgam nem a nós, quanto mais ao eleitorado — comenta Carlos. — Vamos ser esmagados! Todo esse esforço para nada.

O desânimo de abate sobre os estudantes.

Rômulo começa a bater palmas.

— Não adianta ficar assim! Vamos voltar ao trabalho!

Carlos vai até o cabide, apanha seu paletó e diz:

— Para mim é o fim da linha. Estou fora!

Alfredo o segura pelo braço:

— Como assim? Vai abandonar o movimento?

— Não quero participar deste fiasco! Não foi pra isso que levei um tiro.

— O tiro foi contra todos nós. Contra todo o movimento — retruca Alfredo.

— É, mas foi aqui que doeu — Carlos alisa o próprio ombro.

— Então vai! — Alfredo solta-lhe o braço e se vira para os outros: — Essa é a forma desse tipo se comportar. Só se importa consigo mesmo, com seus dramas, suas frustrações e não com os outros, nem conosco, seus companheiros, nem com a nossa causa. Pois vá! Não precisamos de gente assim. Mas não volte!

– Não vou carregar esse caixão! – diz Carlos, afastando-se do grupo.

Carlos mudou-se há dois anos do confortável casarão da família na Rua da Matriz, em Botafogo, para uma pensão na Rua Correa Dutra, onde tem liberdade para levar suas conquistas amorosas e usufruir sua vida gauche. Seu quarto possui uma cama grande, uma pia – o quarto de banhos externo fica ao fundo do corredor –, um guarda-roupa onde acomoda seus dois únicos ternos, uma estante forrada de livros que já se espalham em pilhas pelo chão e uma mesa dotada de lamparina para ler e escrever seus versos, pois cultiva a secreta ambição de se tornar poeta.

Após romper com seus amigos da Junta, enfia-se em ilibações nos botecos da Lapa das quais, ao final, restam apenas lembranças enevoadas e incertas. No dia seguinte, batidas insistentes à porta o despertam de pesadelos que avivam uma incômoda sensação de remorso.

Depara-se com Alfredo e Rômulo.

– Vieram me espinafrar mais um pouco?

– Também, mas antes disso, viemos trazer uma informação, não sei se te interessa – ironiza Rômulo.

Carlos dá de ombros.

– Viemos dizer que o doutor Ruy aceitou – conta Alfredo.

– Aceitou o quê? – Carlos pergunta, ainda sonolento.

– A candidatura, ora.

– Mas ontem...

Rômulo atalha:

– Mudou de ideia. O Marcelino – refere-se ao senador baiano José Marcelino de Souza – foi até a casa dele e o

chamou às falas. Deixou claro que se ele não concorresse, o movimento civilista se transformaria num rotundo fracasso e a História iria cobrar sua omissão nessa hora tão grave.
– Nesses termos?
– Com um pouco mais de diplomacia, talvez. Importa é que o velho aceitou e agora temos candidato – alude Alfredo.
– Um candidato emérito! – reforça Rômulo, exultante.
– Tremei, marechal! Agora veste o paletó e vamos. Temos muita coisa a fazer até a convenção. Quanto ao chilique de ontem, deixa estar. Você vai pagar caro. Em cerveja!

Chega o dia 22 de agosto. Do lado de fora do Teatro Lyrico, os guardas civis montam um cordão de isolamento e só permitem que se aproximem da porta as pessoas com credenciais. Às oito da noite, os assentos e camarotes estão ocupados por delegados regionais e convidados, em clima de regozijo e ansiedade. Todos esperam a hora de votar e sacramentar a candidatura de Ruy Barbosa, que não se faz presente no recinto, pois, na condição de presidente da Academia Brasileira de Letras, ciceroneia o escritor Anatole France em visita ao Rio de Janeiro.

Na abertura dos trabalhos, o chefe da delegação gaúcha, Joaquim Francisco de Assis Brasil, pede a palavra:
– Esta convenção demonstra que o civismo ainda não desapareceu desta terra. Por isso, este auditório há de tolerar que lhe roube alguns minutos. As convenções, nos países democráticos, devem abstrair das pessoas e dar conta dos princípios. Quais são os princípios que queremos eleger?
Alguém grita da plateia.
– O civilismo contra o militarismo.

– Não pretendo estabelecer uma polêmica, mas trouxemos do Rio Grande do Sul a posição: o programa deve vir *a priori*.

Assis Brasil relaciona uma série de pontos que seu partido gostaria de ver contemplados no programa de governo do movimento civilista, tais como: manutenção da Constituição, igualdade na representação dos estados, respeito à vontade dos eleitores, prioridade à instrução profissional e à valorização da lavoura, justificando cada item à exaustão.

O longo pronunciamento faz crescer um eloquente rumor de desagrado no auditório.

– Vamos votar! Vo-ta! Vo-ta! Vo-ta! Vo-ta!

Assis Brasil mantém-se impassível na tribuna. Espera que as manifestações arrefeçam e prossegue na sua peroração.

– Se, no entanto, os convencionais decidirem nomear um candidato antes de definirmos o programa, nossa representação não terá condições de votar, por razões de princípio.

O gaúcho é interrompido por vaias estrepitosas. Alfredo cochicha ao ouvido de Carlos.

– Que história é essa?

– Ontem, na recepção, ele disse que defenderia a necessidade do programa, mas não pensei que chegasse a tanto.

– Em qualquer circunstância – o orador continua –, ficaremos de olhos abertos à espera do programa, para que, no caso de este não estar em desacordo com as nossas ideias, lhe dar os nossos sufrágios.

Vários oradores apelam a Assis Brasil para que os gaúchos revisem sua posição. O último a falar é o jornalista Júlio Mesquita, proprietário do jornal *O Estado de S. Paulo*, em nome da delegação paulista:

– Nós não viemos sem programa. Mas, principalmente, viemos votar na república civil, o que nos interessa neste momento.

A maioria dos convencionais se manifesta:
— Vo-ta! Vo-ta! Vo-ta! Vo-ta!

O presidente da Convenção, José Marcelino, pede silêncio e anuncia o início da votação nominal. Antes que o primeiro delegado seja chamado a colocar seu voto na urna, os representantes gaúchos deixam o teatro, sob apupos generalizados.

Alguns minutos depois da meia-noite, é anunciada a contagem final. Mesmo sem os votos dos gaúchos, Ruy Barbosa recebe apoio de 482 dos 550 convencionais. O presidente de São Paulo, Manuel de Albuquerque Lins, é indicado a vice. Os civilistas comemoram com entusiasmo. À saída do Teatro Lyrico, Alfredo comenta:

— Sem a turma do Assis Brasil, seremos massacrados no Rio Grande do Sul.

— Seríamos de qualquer forma. A máquina do borgismo fará de tudo para favorecer o marechal. Vão fraudar as eleições como nunca.

— Como sempre, você quer dizer.

A gare da Central do Brasil regurgita. Não houve convocação pública, mas centenas de pessoas se aglomeram para acompanhar o embarque de Ruy Barbosa a São Paulo, atividade estratégica de sua campanha presidencial. O trem especial partirá às 7 e 20 da manhã, mas Carlos chega bem antes à estação, portando sua maleta com uma muda de roupas e uma pasta com os roteiros da viagem. Ele acompanhará a comitiva na condição de secretário-geral da Junta Acadêmica para Assuntos de Propaganda.

Durante toda a semana, percorreu o trajeto entre São Paulo e Rio de Janeiro passando todas as estações para acertar com os civilistas locais as variadas formas de recepção ao candidato. Cada dirigente teria liberdade de escolher suas atrações para homenagear Ruy Barbosa, desde que a escala não ultrapassasse os vinte minutos combinados.

Do majestoso portão da gare, observa a multidão. Não são os engajados que participam das atividades da campanha, mas pessoas simples do povo, trabalhadores, estudantes, funcionários, famílias inteiras em cujos olhos Carlos identifica um brilho de esperança. Por volta das 7 horas da manhã, um barulho crescente anuncia a chegada de Ruy Barbosa à Central do Brasil. A multidão abre um caminho para a carruagem que conduz o candidato civilista, a esposa Maria Augusta, as duas filhas e o genro Antônio Baptista Pereira, uma espécie de secretário particular.

Quando o trem se põe em movimento, o pequeno Ruy acena para o público e recebe chuva de pétalas, acompanhada de emocionadas manifestações de apreço e votos de boa viagem.

O comboio chega às 9 e 45 à estação de Barra do Pirahy, ao som do Hino Nacional executado pela banda musical da União dos Artistas. A escala deveria ser breve, apenas para homenagens e pronunciamentos dos civilistas locais, mas o proprietário do Hotel da Estação faz questão de recepcionar o candidato no refeitório, provocando um atraso de 20 minutos que irá se multiplicar durante o percurso.

Em Barra Mansa, parece que toda a cidade se encontra na gare. Uma girandola de foguetes estrugiu à aproximação do comboio. Crianças do Grupo Dramático Infantil ofereceram ramalhetes de flores a dona Maria Augusta.

O trem sobe a Serra da Mantiqueira e alcança a cidade de Resende, no alto do pico das Agulhas Negras. Centenas de pessoas aguardam o candidato na gare, portando sombrinhas para se protegerem do mormaço do meio-dia. O prefeito sobe no trem para dar boas-vindas a Ruy Barbosa. Cumprindo a tradição da cidade para recepcionar os visitantes ilustres, um negro alto com sua alva cabeleira dirige-se ao vagão principal.

– Quem é? – pergunta Ruy Barbosa.

– É o Veriassa. Tem quase cem anos, acredita?

Faz-se silêncio. Da janela, Ruy Barbosa observa o homem trêmulo e arqueado aproximar-se com vagar trazendo um ramalhete de flores naturais. Ao entregá-las ao candidato, beija-lhe as mãos, sob as palmas respeitosas dos presentes.

– Uns anos atrás – confidencia o prefeito –, o presidente argentino Júlio Rocca visitou a região em companhia do Campos Salles. O Veriassa confundiu os dois e entregou as flores ao presidente do Brasil, acredita?

Todos riem em volta, mas Ruy Barbosa se mantém sério, observando o negro sozinho afastar-se, caminhando com dificuldades entre a multidão.

A cada baldeação, repetem-se as homenagens a Ruy Barbosa. Ao ingressar em território paulista, o comboio é saudado com uma salva de 21 tiros. Em Queluz, as palmeiras da estação férrea estão enfeitadas com faixas e dísticos alegóricos sobre a trajetória de RB. Em torno dela, foram instalados arcos triunfais, faixas colossais e uma profusão de folhas e flores coloridas. Em Lavrinhas, perante a gare lotada, a menina Alônia Coutinho saúda o visitante em nome da comunidade:

– Tenho aprendido nas lições de educação cívica que devemos honrar todos os brasileiros que, com seus talentos e virtudes, elevam nosso país, fazendo-o respeitado no estrangeiro.

Ao transpor o limite de São Paulo ouve-se uma salva de 21 tiros. O comboio aproxima-se da capital com mais de duas horas de atraso. À visão do trem na extremidade da linha, irrompe em salva uma bateria de morteiros. A Gare do Norte ostenta um aspecto imponente, iluminada e colorida. São oito e meia da noite quando a locomotiva vai diminuindo a marcha até acostar-se à plataforma, sob um indescritível delírio popular.

Os aplausos calorosos misturam-se aos primeiros acordes do Hino Nacional. Ruy Barbosa desce do vagão com uma fisionomia emocionada. Recebe os abraços dos próceres paulistas Albuquerque Lins, Washington Luiz e Bernardino de Campos. A multidão abre uma clareira por onde o candidato leva 20 minutos para percorrer o trecho da plataforma à alpendrada.

A presença da massa humana torna difícil a organização do cortejo. Do lado de fora da gare disputam espaço cerca de duzentas carruagens, tendo à frente a *daumont* que levará Ruy Barbosa, a esposa e o presidente de São Paulo. Atrás, segue a *laudau* com a família do candidato. Carlos sobe na terceira carruagem, com um pequeno grupo de assessores.

O cortejo segue através da Avenida Rangel Pestana, cruza o Brás, toma a Rua do Gasômetro, desce a ladeira General Carneiro e prossegue pela Quinze de Novembro, contornando a Praça Antônio Prado até a Rua Direita.

Às nove da noite, aponta na Praça Quinze o desfile triunfal. No seio na multidão, rasga-se apenas um breve espaço para a passagem do préstito. Sob o rutilante dossel dos focos policrômicos. Nas sacadas, senhoras agitam com seus lenços e jogam pétalas. Em alguns momentos, Ruy fica de pé acenando para o povo.

A carruagem estaciona diante da Rotisserie Sportsman, cuidadosamente decorada com flores naturais e ramagens, onde o candidato passará a noite. A hospedaria reservou dez quartos para a comitiva mais próxima de Ruy Barbosa. Ao desembarcar da carruagem, Ruy é homenageado com uma estrepitosa salva de palmas. Sobe ao salão de recepções, no segundo andar, apoiando-se em corrimões também decorados com flores e folhagens.

No salão, vai dispor de uma hora para receber os cumprimentos das autoridades, antes que seja servido o jantar para trinta convidados. O nome de Carlos não constava da lista, e já havia combinado de encontrar-se com os colegas de Direito no Café Triângulo, porém, o próprio Ruy pede que o convidem para o *petit comité*. Sobre a mesa para trinta convidados, os garçons depositam canapés *franco-russe aux creme pierre le grand,* pratos de *medaillon de boeufe style Assyrio, punch a la romaine* e *dindonneau roti au janbon d'York,* acompanhados de *vin* Graves, Fontet Camet e espumante Mumm.

Na hora da sobremesa – *gateau piemontais* e *corbeille de fruits*, com licores variados –, Ruy chama Carlos para perto.

– Diga-me, meu rapaz. O que acha de tudo isso? Eu sempre gosto de saber a opinião dos jovens.

– Estamos fazendo história, doutor Ruy. Nunca houve nada parecido no Brasil como a sua campanha.

– Bem, é a primeira vez que existe uma disputa.

– Não é só isso, doutor Ruy. A gente enxerga a esperança nos olhos do povo. Essa é a grande novidade.

– Soube que você é parente do Gaspar.

– Neto. Era pai de minha mãe.

– Gaspar Silveira Martins, o "Leão dos Pampas".

– E eu sou apenas Silveira Martins Leão.

Ruy deixa escapar um sorriso e dirige-se ao genro Antônio Baptista Pereira:

– Espirituoso, o moço.

– Obviamente, o Leão não é dele, mas de meu pai, que

era engenheiro alagoano, porém fez a carreira em São Paulo. Olympio Leão.

– Qual é sua idade?

– Vinte e dois.

– Chegou a conviver com o seu avô?

– Muito pouco. Nasci no Rio, mas era pequeno quando meus pais se mudaram para São Paulo. Depois, ele foi exilado. Uma única vez minha mãe nos levou para visitá-lo na Estância de Rincón Pereyra, no Uruguai. Eram muitos filhos e tantos netos. Nunca fiquei sabendo se guardou alguma imagem de mim.

– Você me lembra muito o seu avô.

– Não sei se vindo do senhor é elogio.

– Fomos colegas no Conselho de Representantes. Tivemos nossas refregas, mas nunca deixei de considerá-lo um homem brilhante.

– Uma delas ocorreu durante uma sessão na qual o Gaspar interpelou o presidente do Conselho, o Sinimbu – o genro Baptista Pereira refere-se a João Lis Vieira de Sinimbu, presidente do Conselho de Representantes. – Em resposta, o doutor Ruy fez um pronunciamento criticando seu avô, que recém deixara o governo.

– Censurei sua falta de lealdade com o Sinimbu naquele episódio, porém estivemos juntos na defesa dos direitos dos não católicos. E você, meu jovem. Qual a imagem que guardou de seu avô?

– Era um homem que dedicou sua vida ao bem comum. Herdou duas fortunas colossais, por parte de pai e mãe, e sacrificou tudo em nome do ideário liberal. Teve um final de vida muito humilde. Não sei se o doutor Ruy irá concordar, mas ele fez falar o povo em uma Câmara até então de ilustres desconhecidos.

Ruy concorda.

– Um novo Danton fazendo vibrar a vidraçaria da casa, como disse Euclides da Cunha. Uma definição adequada. Vejo em você o mesmo ímpeto, o mesmo ardor.

Carlos prossegue.

– Durante o Império, em sua fase mais radical, meu avô foi um pregador da República. Na velhice, passou a enfrentar uma contradição reacionária, propugnando o regime parlamentar.

– Perdoe a provocação, mas como avalia a participação dele na Revolução de 1893 – pergunta Baptista Pereira.

– Meu avô não queria derramamento de sangue. Foi arrastado pelo seu grande amigo Joca Tavares. Não se investiu da chefia. Foi obrigado a ela. Quando compreendeu que a Revolução estava vencida, dirigiu uma carta em termos categóricos a Joca Tavares tentando convencê-lo a aceitar a paz, mesmo que fosse a paz dos vencidos.

– O célebre telegrama: *Chefe político, aconselho; correligionário, peço; rio-grandense, suplico. Guerra civil não* – recita Ruy Barbosa.

– A grande verdade – profere o jovem – é que a guerra entre gasparistas e castilhistas foi o duelo entre o velho e o novo regime, e nesse conflito o novo se consolidou.

– Uma forma adequada de tratar o assunto.

Ruy Barbosa levanta-se da cadeira e ergue um brinde:

– A Gaspar Silveira Martins, o "Leão dos Pampas", e ao nosso novo amigo Silveira Martins Leão. Agora, se os amigos me dão licença, pretendo descansar algumas horas, pois amanhã teremos um dia cheio.

Tira um maço de folhas do bolso interno do casaco e as alcança a Carlos.

– É um esboço do meu discurso. Dê uma olhada e depois me diga se há alguma impropriedade.

O rapaz fica sozinho, abre as folhas sobre a mesa e começa a ler: *Entre as instituições militares e o militarismo vai, em substância, o abismo de uma contradição radical. O militarismo é o governo da nação pela espada. As instituições militares são a subalternidade legal à nação organizada. O militarismo a desorganiza. O militarismo está para o Exército como o fanatismo para a religião, como o industrialismo está para a indústria, como o mercantilismo para o comércio, a demagogia para a democracia, o absolutismo para a ordem, como o egoísmo o está para o eu. Contra a candidatura de um ministro civil, levantada, ao que tudo indica, pelo próprio chefe de Estado, se arvorou, apadrinhada pela carranca da força, a candidatura do ministro militar. Hoje, a nação percebe que do excesso do mal veio o remédio. O Brasil não se iludiu. As experiências de cicatrizes passadas ainda vertem sangue. A nação reconheceu dentro do capuz e das roupas fantasmagóricas a dentuça expressiva, os estigmas conhecidos, a carga da herança abominável.*

A passagem de Ruy Barbosa por São Paulo é consagradora. Algumas semanas depois, já no mês de janeiro, repete o êxito ao visitar Belo Horizonte e Juiz de Fora. Empolgados com as grandes mobilizações dos centros urbanos, os ruysistas experimentam o auge de seu entusiasmo. Contudo, à medida que se aproxima o pleito, com os informes dos longínquos confins da nação, a euforia vai esmorecendo. A superioridade da candidatura do marechal Hermes nas pequenas e médias cidades é escancarada. Assim, no dia 1º de março de 1910, até os mais fervorosos civilistas vão às urnas sem a menor convicção de uma vitória de Ruy Barbosa.

– Na tarde seguinte à eleição, Carlos, Alfredo e Rômulo estão diante do novo edifício do *Jornal do Brasil*, metidos

47

entre centenas de pessoas aglomeradas na Avenida Central para acompanhar os resultados parciais no gigantesco painel instalado à altura do segundo andar do prédio.

Carlos tenta motivar os amigos.

– Não podemos nos fiar nesses números maquiados pela imprensa manipulada pelo Pinheiro Machado. Ainda acredito numa reviravolta.

A geringonça possui duas colunas. Uma mostra uma enorme fotografia de corpo inteiro do marechal Hermes da Fonseca, fardado, em pose marcial, com luvas brancas nas duas mãos que seguram o cabo do espadim preso à cintura. A outra coluna expõe o retrato austero do conselheiro Ruy Barbosa de casaca preta, uma das mãos no bolso da calça, deixando à mostra um colete de cetim.

As duas colunas são presas a roldanas para permitir que o retrato do candidato que estiver à frente se eleve, conforme a chegada dos números apurados. Abaixo de cada fotografia, um espaço para a divulgação do número de votos apurados. Até o início da tarde, as colunas permanecem imóveis, gerando nervosismo e reclamações dos assistentes.

Às três e meia da tarde, acompanhado pela esposa Maria Augusta, Ruy Barbosa deixa o cine Odeon, onde assistira a um programa variado, do qual faziam parte as fitas *Desastrada partida de bilhar*, *Sapateiro moderno* e a clássica *Festim para Balthazar*. Ao passar em sua carruagem diante da sede do *Jornal do Brasil*, recebe manifestações de apoio de seus partidários, que logo entram em conflito com apoiadores do marechal. Estes tentam desatrelar os cavalos da carruagem. Ruy Barbosa mantém-se acuado no interior do veículo. Os três rapazes da Junta Acadêmica se apressam em proteger seu candidato.

– Filhos da puta! Covardes! – Carlos grita.

Por fim, a Força Policial vem em seu socorro. Ruy Barbosa acena para os jovens e segue seu caminho. Carlos nota no semblante do candidato o inevitável prenúncio da derrota.

Ao entardecer, o *placard* do *Jornal do Brasil* começa a se mover. A figura do marechal é erguida pelo sistema mecânico, enquanto a do candidato civilista permanece praticamente estática. Os primeiros números mostram uma diferença de dois por um em favor de Hermes da Fonseca, proporção que se manterá até o final da apuração.

Os três jovens da Junta Acadêmica enfiam-se no Jardim Concerto para afogar as mágoas. Ao final da noite, bêbados, trocam juras de amizade eterna.

– Acho que só uma dona me salvaria deste dia trágico – balbucia Rômulo, enrolando a língua.

– Se quiser, posso apresentar umas amigas – Carlos aponta para um grupo de mulheres igualmente embriagadas.

– Rômulo só tem olhos para as raparigas da Escola Normal onde o pai dele trabalha – debocha Alfredo.

– Cada pitelzinho... – diz Rômulo.

– Você é doente – comenta Alfredo.

– Vou lhe dar um conselho – intervém Carlos. – Deixe elas crescerem.

– Algumas já são bem crescidinhas – retruca Rômulo e solta uma gargalhada, que precede uma golfada de vômito.

Findo o período de licença, Carlos se reapresenta no prédio da Imprensa Nacional, quando é informado de sua demissão por ordem dos novos administradores. Em pouco tempo, sente fecharem-se todas as oportunidades de emprego na capital federal. Seu pai promete sustentá-

-lo, com a condição de que se dedique apenas ao estudo. Assim, só lhe resta mudar-se para São Paulo e concluir o curso.

Com a acachapante derrota de Ruy Barbosa, a Junta Acadêmica se desmancha. Alfredo e Rômulo cursam o último ano de Direito no Rio. Após a formatura, Alfredo ingressa no Ministério das Relações Exteriores, designado para a embaixada do Brasil na Dinamarca. Rômulo é nomeado promotor assistente em Santana da Parahyba, no Mato Grosso.

Passa-se um ano. Vamos reencontrar Carlos em um casarão de alvenaria que pertencera a um estancieiro falido pelo vício do jogo de cartas e agora é a *maison* de Madame Sofia, uma mulher opulenta, de origem e sotaque incertos, cuja meia-idade conserva tênues resquícios de uma beleza distante. Seu estabelecimento atrai uma freguesia de capitalistas, autoridades e endinheirados em geral da próspera Campos Novos de Paranapanema, um município de 16 mil habitantes a pouco mais de duzentos quilômetros da capital paulista. Nesta noite, ela orientou suas moças a darem o melhor de si para que o ilustre cliente tenha uma noite agradável e prazerosa.

De sua intensa participação na campanha de 1910, restou a Carlos algum prestígio junto ao governo paulista, que havia apoiado a candidatura derrotada de Ruy Barbosa. Assim, recém-formado pela Faculdade de Direito de São Paulo, foi designado titular da delegacia de Campos Novos, e é a ele quem as meninas de Madame Sofia devem agradar.

– Sou um homem de sorte, por isso não me abalo com as agruras da vida – fala ao tenente Plínio de Carvalho, escalado como seu amanuense. – Quando completei 20 anos, comprei um bilhete com os números da minha data de nascimento. Adivinhe, tenente? Tirei na sorte grande. Não o primeiro prêmio, mas o segundo. De qualquer forma, uma bolada considerável. Sabe onde gastei o dinheiro?

Ele faz um gesto largo em direção às moças que caminham em torno da sua mesa, oferecendo-lhe seus melhores sorrisos, beicinhos e piscadelas, vestidas apenas com corpetes, anáguas, calçolas e meias, presas por cintas-ligas.

– Tem modo melhor de gastar o dinheiro? Me diga, tenente? Vou lhe falar sobre o meu avô.

Já um tanto ébrio, pede mais uma garrafa de uísque. O tenente acompanha tudo com preocupação.

– Como é sua graça? – Carlos indaga à moça que lhe traz a bebida.

– Petúnia.

– Sente aqui – ele bate na própria coxa. – Eu estava falando para o nosso tenente, aqui, sobre o meu avô. Meu avô foi um homem famoso, viu? Amigo do imperador Dom Pedro II. Amigo é pouco. Camarada. Viu o imperador morrer em Paris, estava ao lado dele no leito de morte, acredita? Foi um homem importante, o meu vô. Ministro, deputado, diplomata, fez de tudo. De uma inteligência, uma cultura, que não se acha em qualquer armazém. Não falo por ser meu avô, mas porque era mesmo tudo isso. Você pode não saber, mas pergunta pra qualquer um quem era Gaspar Silveira Martins. Pois esse homem, sabe como o velho morreu? Vou contar, não espalhem. Estava exilado, longe da família, em sua fazenda. Às vezes, dava umas escapadas pra Montevidéu, sabe onde fica Montevidéu?

– Uma cidade do Uruguai, não é? – arrisca o tenente Plínio.

– Uma cidade, não. A capital do Uruguai. Pois numa dessas escapadas, ele faleceu, aos 67 anos, sabe fazendo o quê? – solta uma gargalhada. – Fornicando! Estava com uma moça, como a nossa amiga Petúnia. Morreu no exercício da mais nobre atividade do homem, e da mulher também, por que não dizer?

– Aposto que o senhor puxou ao seu avô – Petúnia sussurra em seu ouvido.

– *Senhor* está no céu e se estivesse na Terra, por certo não viria à casa da Madame Sofia – solta outra risada. – Mas tem razão. Herdei dele algum talento para o discurso e, principalmente, o duende da lascívia e várias outras coisas. Vou contar outra coisa pra vocês. Sabe como é o nome da minha mãe? Adelaide, mesmo nome da mãe dela, esposa do vô Gaspar. Sabe como era o nome da moça que o acompanhava no hotelzinho em Montevidéu? Hein? Adelaide, acredita? Velho safado! Mas foi um homem importante, viu, Petúnia?

Carlos bebe um longo gole de uísque e põe os olhos em uma das garotas postada junto ao balcão, a única que não o assedia. Não é a mais bonita do *team*, porém, é a que mais lhe instiga. Enquanto as outras fingem que nasceram para isso, ela não disfarça sua contrariedade, entabula conversas com as colegas, mas logo se entedia, acende um cigarro e o joga fora depois de duas ou três tragadas, vira-se para os lados, balança uma das pernas, joga um olhar impreciso no salão, se agita, parece que vai explodir, porém aplaca a ansiedade com um longo suspiro.

– Vou lhe pedir um favor, Petúnia. Seja boazinha e chama sua amiguinha pra sentar com a gente – aponta para a moça.

O tenente arregala os olhos e Petúnia não sabe como agir.

– Vai! Ande! Ele empurra a garota com uns beliscões no traseiro.

Vira-se para Plínio:

– Notou, tenente? Aquela é a única das meninas que não se aproximou de nossa mesa. Se faz de difícil, sabe se valorizar, com aquele olhar distante, profundo, meio melancólico, meio tedioso. Deixa estar que eu vou salvar a mocinha do tédio.

O tenente tenta controlar o nervosismo:

– Ora, delegado. Porque justo ela. Tem tantas aí, algumas até mais bonitas.

– Mais do que a beleza, me encanta o mistério, tenente.

Petúnia, em vez de chamar a moça, foi palestrar com Madame Sofia. A cafetina vacila durante uns segundos. Fala alguma coisa para a moça solicitada e esta se retira do salão. Carlos capta algo estranho entre a cafetina e as garotas. A dona do bordel se aproxima da mesa.

– E então, meu jovem delegado, as meninas estão lhe tratando bem?

– Como a um rei. São muito simpáticas e atenciosas. Eu, na verdade, fiquei interessado em conhecer aquela moreninha que acaba de sair do salão. Ficaria muito satisfeito de tê-la entre nós.

A cafetina se faz de desentendida.

– Diga-me delegado, como um rapaz tão jovem e tão bonito veio parar na nossa cidadezinha, ocupando um cargo tão importante?

– Eu teria um enorme prazer de falar dos descaminhos da minha vida atribulada, e não faltará oportunidade, lhe asseguro – Carlos responde, impaciente. – No momento, estou interessado em conhecer aquela garota. Tenha a fineza de trazê-la até nossa mesa.

A mulher solta um sorriso constrangido e, com o olhar, pede apoio ao tenente Plínio.

– Pois, seu delegado – começa o tenente, com cuidados

–, sucede que essa moça é a preferida do capitão Amadeu Carneiro, o chefe da guarnição da cidade.

– Não entendi. Em Campos Novos do Paranapanema, mulher da vida tem dono? Já frequentei muito bordel, mas essa, pra mim, é novidade – Carlos responde com ironia.

– Deixa eu explicar – intervém a Madame, que repentinamente parece ter perdido o sotaque. – Um dia por semana, o capitão Amadeu exige a Margô. Por casualidade, é hoje o dia. Sexta-feira.

– Pois, hoje, o capitão, que ainda não tive o prazer de conhecer pessoalmente, se aparecer por aqui terá de se contentar com outra companhia.

– Compreenda, delegado, não posso...

Nesse momento, um homem usando farda de oficial ingressa sorridente no salão ante os olhares curiosos de todos, acompanhado de dois praças, cumprimenta os conhecidos com a cabeça e, ao reconhecer o tenente Plínio, vai até a mesa com um sorriso aberto nos lábios. É um homem de rosto ceroso e espigado, aparentando estar próximo da casa dos 40 anos. Beija o gigantesco anel vermelho de Madame Sofia e estende a mão a Carlos.

– Imagino que seja o novo delegado. Me disseram que estaria aqui. Tão jovem? Prazer. Capitão Amadeu Carneiro ao seu dispor.

– Prazer. Carlos da Silveira Martins Leão.

– Tenho certeza de que haveremos de trabalhar juntos daqui para frente. A cidade é mansa como um jegue, porém sempre é preciso estar atento, porque pilantras há em todo o lugar. Me daria a honra de sentar-me com vocês?

O oficial acomoda-se à mesa, dá um olhar panorâmico no salão e se dirige à cafetina:

– Madame, não estou vendo o meu bibelozinho no salão. Pode providenciar?

– Pois veja só que temos os mesmos gostos, capitão. Eu estava justamente falando do meu interesse pela garota. Ela tem um quê de enigmático que despertou a minha curiosidade. Assim, se o amigo não se importa, gostaria que ela me fizesse companhia nesta noite.

O capitão sente um impacto. Fica em silêncio por alguns instantes, mas logo solta uma gargalhada.

– Ah! Ah! Ah! Quase me pegou! Essa piada merece um brinde. Um uísque, Madame Sofia. E me traga a Margô. Aliás, já devia ter trazido – conclui a frase com algum nervosismo.

Contrariada, Margô é conduzida à mesa, com os ombros encolhidos. O capitão ergue-se para recebê-la, entretanto Carlos interpõe-se entre eles.

– Muito prazer. Sou o novo delegado e gostaria que você sentasse aqui do meu lado. Tenho certeza de que o amigo Amadeu não vai se incomodar.

O oficial coloca a mão no peito de Carlos e puxa a garota.

– Escute aqui, moço. Você chegou agora e ainda não sabe como as coisas funcionam por aqui. Portanto, vou relevar essa impertinência. Agora, vamos calmamente nos sentar e continuar a nossa prosa como se nada tivesse acontecido.

Prevendo a encrenca, o tenente Plínio levanta-se:

– Bem, delegado, se o senhor não precisa mais de mim...

– Fique sentado, Plínio. Vamos comemorar a chegada do novo delegado – ordena o capitão.

Carlos mantém-se de pé, olhando fixo para o capitão Amadeu.

– Hoje, a moça vai me fazer companhia!

Diz isso e recebe um empurrão do oficial que o derruba sobre uma mesa. Ao se recompor, aplica um pontapé no peito do oficial, jogando-o ao chão. Este se levanta, saca a pistola e caminha na direção de Carlos.

– Comece a rezar! Você é um homem morto!

A um metro dele, dispara. Por uma fração de segundo o tenente Plínio consegue desviar a mão do oficial e o tiro estilhaça um abajur. O capitão se desvencilha do tenente e volta a acionar o gatilho de sua pistola contra Carlos, que, a esta altura, rasteja entre as mesas do cabaré. Os tiros se sucedem até que o capitão finalmente é dominado.

– Suma desta cidade! Na próxima, lhe acerto no meio dos olhos – ruge o capitão Amadeu, imobilizado pelos praças.

Carlos ergue-se lentamente do chão com os batimentos acelerados. Enxerga o desafeto ser retirado do salão à força. Sente uma ardência no pescoço. Passa a mão e nota um arranhão do qual brota uma gosma de sangue. Foi a segunda vez em sua curta vida que escapou de morrer.

– Como eu disse, tenente, sou um homem de sorte, mas hoje, Madame Sofia, vou me recolher mais cedo. Boa noite a todos!

O convite chega por meio um envelope deixado na portaria da pensão do Hotel Fluminense, onde Carlos mora desde seu retorno ao Rio. Dentro dele, uma folha de papel de linho timbrada com o nome do senador Pinheiro Machado exibe um breve texto escrito a pena: *"Terei o prazer de recebê-lo em minha residência no próximo sábado, às 15 horas. Não deixe de vir"*. A princípio, julga que só pode ser um trote de algum gaiato. O caudilho gaúcho seria a última pessoa a convidá-lo para uma conversa ou seja lá o que o convite signifique.

Fosse outro momento, devolveria o envelope com uma boa quantidade de impropérios, tal sua aversão à figura de Pinheiro Machado. No entanto, vive um período de vacas magérrimas. A contenda no cabaré de Madame Sofia, amplamente noticiado, lhe rendeu a exoneração do cargo de delegado e um processo por arruaça. Assim, perdeu espaço em São Paulo e está de volta ao Rio, com um diploma de advogado e nenhuma credibilidade.

Sábado, ele toma o bonde Laranjeiras, que sobe com alguma dificuldade o Morro da Graça.

– É ali! – o cobrador aponta um casarão faustoso, atrás de um jardim onde despontam duas palmeiras gigantescas, como a atestar o poderio do homem que habita o palacete.

De fora do muro gradeado, através das frestas do vasto arvoredo, é possível enxergar com mais nitidez a majestosa construção. Carlos ingressa pelo portão lateral, após se identificar ao guarda uniformizado, e caminha por uma longa trilha até o prédio de dois andares. Toca a campainha e o mordomo o conduz através do salão principal, o qual conhece por fotografias de jornal das recepções oficiais, jantares e almoços oferecidos pelo gaúcho. A um canto, uma peça repleta de livros indica o que deve ser o escritório do senador.

Uma preta velha muito pequena, de passos claudicantes, aparece com uma xícara de café em uma bandeja de prata. O visitante a observa com curiosidade.

– Até isso usam para me atacar, acredita? – Carlos escuta às suas costas a voz firme, carregada de sotaque gaúcho que ele costumava imitar com deboche nas mesas de bar. – Já escreveram que é uma esquisitice incompreensível um homem de posses como eu, dono de automóveis, cavalos e palacetes, se deixar servir por uma negra cambaia de pernas tortas. O que sabe essa gente de lealdade e gratidão?

Carlos ergue-se da cadeira e depara-se com a figura imponente do general José Gomes Pinheiro Machado afagando o ombro da criada. Já o vira algumas vezes nas sessões do Senado. É um homem de tez morena, com a vasta cabeleira brilhosa penteada para trás, abrindo espaço para o rosto de sobrancelhas espessas, nariz adunco, bigode farto com as pontas discretamente erguidas e um olhar atento a tudo. Veste o tradicional fraque preto e manta de linho grená envolta com displicência no pescoço.

– Pode ir, Isaura. Então, finalmente estou conhecendo o famoso Carlos da Silveira Martins Leão – aperta a mão do jovem visitante. – Muito prazer, *seu* Carlos.

– Eu, famoso? Bondade sua.

O general passa por ele e vai ocupar a cadeira atrás da escrivaninha:

– Famoso, sim, para quem é observador das movimentações na sociedade. Um orador inflamado como o avô, agitador da melhor estirpe. Muito li nos jornais seus pronunciamentos arrebatados em favor da candidatura do Ruy. Muitas vezes, fui eu o alvo de suas pregações contra as oligarquias. O *caudilho*, naturalmente, se referia a mim.

O rapaz arma um gesto com as mãos como quem vai responder, porém Pinheiro Machado o desencoraja.

– Não me queixo. Foi uma campanha engalfinhada, onde muita coisa foi dita e muitos excessos praticados. O essencial é que, no fim das contas, serviu para fortalecer a República, e este é o objetivo de todos os verdadeiros patriotas.

– Acho que a República sairia mais fortalecida se o movimento civilista houvesse vencido.

Pinheiro Machado desdenha.

– Civilismo contra militarismo? Balela. No fundo, nem o Ruy acreditava nisso. Foi um artificialismo para engambelar os incautos. A candidatura do marechal Hermes não tinha nada dos quartéis e nunca se filiou a processos de violência militar. O problema era outro. Precisávamos de continuidade. Me acusam de tramar a candidatura do marechal. Pelo contrário, quando o Hermes se lançou, eu relutei. Cheguei a declarar que por ser urdida fora dos meios políticos, era uma candidatura revolucionária e só poderia se viabilizar através de meios revolucionários. No fim, ante o impasse, ficamos sem opção.

– O militarismo é real, senador. Acabam de assaltar o governo de Pernambuco, ensanguentaram o Ceará e bombardearam a Bahia, o maior crime desde a proclamação da República.

– Posso *le* assegurar que foram acontecimentos posteriores sem a minha chancela, de modo algum.

– Mas é inegável que o senhor atraiu os grandes chefes políticos para a candidatura do marechal Hermes – Carlos tenta se manter na ofensiva.

– As oligarquias? Elas estavam por todos os lados. O que era o programa de Governo do Ruy se não um afago à maior oligarquia do país, que é a de São Paulo?

– Por que sua escolha recaiu sobre o marechal e não o doutor Ruy?

– Boa pergunta. Quando o finado presidente Affonso Penna lançou-se na desastrada aventura de lançar o David Campista, nos opusemos, eu e o Ruy. Integrávamos o mesmo grupo no Senado, o *Bloco*, como foi chamado, lembra? Bem, imediatamente me inclinei pelo nome do Ruy. Insisti para ele ser candidato, mas ele não quis. Duvida, *seu* Carlos?

O senador abre uma gaveta da escrivaninha, retira uma folha de papel e a alcança ao rapaz, que conhece bem a caligrafia de Ruy Barbosa. *"A Exm. Amigo Senador Pinheiro Machado. No conflito de interesses e personalidades que, em torno da sucessão presidencial, desta vez tão cedo começa e de um modo tão desusado, vejo envolvido o meu nome como o de um dos pretendentes. Há visto um equívoco, a que me empenho em pôr termo peremptoriamente. Não sou candidato à presidência da República, nem consinto que o façam. Se amigos meus tenham o pensamento de semelhante iniciativa, em nome da amizade e seus direitos eu lhe desaprovo e lhe proíbo".* Mais adiante: *"Só me arriscaria a sê-lo se um movimento de opinião pública nos impusesse. Tal honra, porém, nunca imaginei merecer. A outra, a candidatura oficial, repugna as minhas convicções e os meus compromissos. Do sincero amigo, Ruy Barbosa."*

– Se o Ruy tivesse aceitado naquele momento – prossegue Pinheiro Machado – seria o presidente do Brasil, no entanto, titubeou. Perdeu o bonde da História. Aliás, pelo relato do senador José Marcelino que o convenceu a concorrer, só aceitou porque sabia que iria perder.

– Me permita discordar. Acompanhei o doutor Ruy em várias atividades e sou testemunha da sua empolgação.

– Ruy tinha essa ideia romântica de que um grande movimento da opinião pública pudesse ungir um escolhido até os píncaros da glória, como acabaste de ler na carta. Nossa república é muito jovem para isso. De certo, empolgou-se no meio do caminho, iludiu-se com a receptividade nas grandes cidades, aquelas grandiosas recepções em São Paulo, Minas, Bahia, até aqui no Rio. No fim, obteve uma votação muito aquém do que sua grandeza política merecia.

– Sinto-me honrado de ter a oportunidade de conversar sobre política com um homem tão ilustre e influente, mas por certo não foi para debater sobre as campanhas passadas que fui chamado.

– Tens razão. Não vamos conversar em cima do leite derramado. *Le* chamei aqui para falarmos do que vem à frente. Tenho acompanhado com interesse tuas atividades e também teus percalços. Antes, preciso saber o que pretendes fazer da vida, *seu* Carlos?

Ele percebe qual roteiro Pinheiro Machado deseja imprimir à conversa. O homem poderoso que se dispõe a ajudar um jovem adversário em dificuldade.

– Bem, eu me formei em Direito. Devo, então, começar a trabalhar como advogado e...

Pinheiro Machado abre um sorriso condescendente e balança a cabeça para os lados.

– Esquece. Teu futuro não está na advocacia, e sim na política, e nós vamos cuidar disso.

Carlos deixa transparecer um leve aborrecimento com a postura intrusiva do general.

– Estou com a sensação de estar sofrendo uma tentativa de aliciamento.

– Não precisamos usar essa terminologia.

– General. Antes de prosseguirmos a conversa, devo lembrar que pertencemos a lados opostos. Combati a candidatura do marechal Hermes e sou um radical oposicionista do governo que o senhor montou.

– Não precisarás te envolver com o governo, *le* garanto. Sente-te livre até para criticá-lo ao teu bel-prazer.

– Não é apenas isso. Sou um crítico dos seus métodos na política. O que me faria ficar ao seu lado?

– Meu rapaz, a política é a construção de convergências. Muito além dessas questões momentâneas, temos uma grande causa em comum, qual seja, a República. Esse é um bom ponto de partida. Sou um republicano nato, seu Carlos. Sabias que criei o primeiro clube republicano, há mais de 30 anos, em São Luiz Gonzaga, lá na ponta do Rio Grande? Lutei pela República e me sinto na obrigação de protegê-la. Me acusam de tentar tutelar a política...

– O homem que governa o governo.

O anfitrião força uma expressão de modéstia.

– Exagero. Nossa República é muito recente, portanto, frágil, sujeita a todas as intempéries da política. É como uma criança, a qual precisamos cuidar, educar e, vá lá, tutelar, até que se fortifique, adquira discernimento e possa caminhar com as próprias pernas. Por enquanto, essas decisões devem ficar com quem entende do riscado. Na política, às vezes, é preciso realizar movimentos ousados, que eventualmente podem não agradar a um ou a outro. Ainda precisamos estabelecer acordos políticos elásticos que, aos olhos mais rigorosos, podem parecer incoerentes. É assim porque não temos partidos fortes. Com raras exceções, os partidos regionais agem conforme os interesses econômicos dos estados. Carecem de personalidade, de ideário. Durante a campanha do marechal Hermes, criamos o Partido Republicano Conservador...

O rapaz o interrompe:

– Com todo o respeito, vejo o PRC como um arremedo de partido que em nada difere dos que o senhor critica.

– Bem observado, meu rapaz. O partido nasceu para dar sustentação ao marechal e acabou se confundindo com o governo. É preciso ir além. É necessário dar uma cara para o PRC, transformá-lo em uma agremiação com doutrina, com firmeza, com hierarquia, com direção, disciplina, como o nosso Partido Republicano lá do Rio Grande, fundado nas ideias positivistas do bem comum acima de tudo.

– Esse partido daria sustentação à sua candidatura à Presidência?

Pinheiro Machado sente uma leve contrariedade.

– São dois assuntos diferentes. O partido é uma necessidade. A candidatura é uma possibilidade que ainda não foi colocada e vai surgir no momento adequado, se for o caso. Gosta de corrida de cavalos?

Carlos dá de ombros.

– *Pos* então. Quando o páreo é renhido, não é bom largar na frente, porque nos tornamos alvo de todos os outros competidores. Meus inimigos só esperam uma precipitação da minha parte para me abaterem. É preciso saber a hora certa de despontar. Alguns amigos têm se precipitado. Agora mesmo, estou indo a Porto Alegre para arrefecer os ânimos dos correligionários que pretendem colocar a carreta na frente dos bois. Vou *le* falar, meu jovem, é mais fácil trabalhar a candidatura de outros do que a própria. Mas isso é conversa para depois. Vamos continuar falando do teu futuro.

– O *meu* futuro? – deixa escapar um sorriso irônico.

– Precisamos de gente jovem, aguerrida e culta. Não sou de elogiar qualquer um. Se não *le* desse importância, mandaria outro falar contigo. Vejo em ti qualidades importantes e te quero do meu lado, trabalhando comigo.

– E o que eu faria?

– Nada que não saiba ou não goste. Por enquanto, precisas aparecer em público, ser visto, angariar simpatias e ganhar destaque. Podemos criar as condições adequadas para isso acontecer. Para teu sustento, terás um cargo na Câmara dos Deputados.

Carlos coça o queixo.

– Seria uma guinada muito grande na minha vida. Preciso pensar.

Pinheiro Machado ergue-se da cadeira para anunciar o fim da conversa.

– *Pos* pense. Mas não se demore – despede-se o anfitrião, com um discreto ar de vencedor. – Lá no Rio Grande se costuma dizer: o cavalo só passa encilhado uma vez na vida.

O visitante despede-se do senador, que o leva até o portão do palacete.

– Quarta-feira vou a Porto Alegre. Se quiseres me dar a honra da tua companhia, tem lugar no navio.

O Javary atraca no trapiche do Lloyd Brasileiro no início da tarde de 4 de fevereiro de 1913. Do tombadilho, o senador Pinheiro Machado acena com o chapéu chileno para as dezenas de pessoas que o aguardam, animadas por duas charangas militares. Desce as escadas e é recepcionado pelo grupo formado em torno do líder republicano Borges de Medeiros.

– Borges *véio*. Diabos! Que magreza é essa?
– Andei adoentado, mas já passou. Fizeste boa viagem?

O senador responde que sim e se vira para o deputado João Fonseca Hermes, irmão do presidente da República.

– E tu, *Jangote*, não me visitas mais.
– Semana que vem volto ao Rio e vou te ver – o outro responde.

O grupo segue a pé em animada palestra através da Praça da Alfândega rumo ao Grand Hotel. Carlos segue o trio, observando a paisagem ao redor. Estivera uma vez em Porto Alegre, ainda menino. Agora, enxerga uma cidade bem diferente da que ficou em sua lembrança. Agora revela-se engrandecida, com prédios pesados e imponentes, e movimentada por uma nervosa agitação de carruagens, bondes e automóveis disputando espaço em torno da praça.

À noite, integra o pequeno grupo que participa do jantar oferecido ao senador em uma sala reservada do hotel.

– Borges, deixa eu te apresentar esse guri que me acompanha.

– Prazer, Carlos da Silveira Martins Leão.

Borges olha surpreso para Pinheiro Machado, que responde com um sorriso.

– Neto do Gaspar, mas é dos nossos.

Carlos sente-se um tanto incômodo com a referência. O líder gaúcho trata de pô-lo à vontade.

– Pois seja bem-vindo, seu Carlos. Gaúcho?

– Não, nasci no Rio, passei a infância em São Paulo. Na verdade, só estive uma vez aqui, mas a cidade está muito mudada.

– Estamos vivenciando uma era de grande prosperidade, que se reflete no panorama da cidade. Cinco anos atrás, nenhum desses prédios existia. Estamos começando a construir o porto, que vai ser um espetáculo. Ainda falta fazer muita coisa na parte da higiene. É uma falha que o Montaury precisa resolver de uma vez – refere-se a José Montaury, que exerce a Intendência há quase 20 anos.

Na manhã seguinte, o senador mantém uma conversa reservada na casa de Borges de Medeiros, da qual, além dos dois, participa o presidente do Estado, Carlos Barbosa. Pinheiro Machado quer desfazer a combinação de que sua candidatura à Presidência seria lançada durante o almoço em sua homenagem, oferecido pelo intendente José Montaury. Por cautela, o almoço foi cancelado para evitar que algum republicano desorientado lançasse seu nome à sucessão de Hermes da Fonseca.

À tarde, o visitante abriu espaço para conversar com os jornalistas. O repórter de *O Diário* Mario Cinco Paus lhe perguntou sobre a política regional.

– Seu Cinco Paus. A política do Rio Grande segue firme, sob o comando inabalável do nosso chefe Borges de Medeiros. Não seria eu, vindo lá da capital, que iria me meter nos assuntos daqui.

O repórter do jornal *O Imparcial* Sérgio Siqueira, que acompanha a comitiva, pergunta sobre a controversa viagem do senador mineiro Antônio Azeredo a São Paulo.

– O doutor Azeredo não estaria cumprindo uma missão delegada por vossa excelência?

– Que tipo de missão eu delegaria ao Azevedo?

– Tratar de sua candidatura à Presidência, por exemplo?

Antes que o jornalista termine a pergunta, Pinheiro Machado o interrompe.

– Não *le* deleguei poderes. Caso o senador lance minha candidatura, só terei motivo de desgosto para com aquele amigo.

– Mas os telegramas informam que...

– O Azevedo é "mexedozinho". E gosta de *reclame*!

Durante a entrevista aparece o irmão do senador gaúcho, Salvador Pinheiro Machado, recém-chegado da fronteira. Os dois se abraçam.

– Olha o que te trouxe, Juca – e mostra uma sela de cavalo, presenteada por um correligionário da fronteira.

– Estará aí alguma alusão? – pergunta o repórter carioca, apontando para o brasão da República que enfeita o selim de couro.

– Que nada! Tem o brasão porque eu sou senador e posso usá-lo – Pinheiro Machado responde, algo aborrecido.

– O que o senhor pretende fazer com o presente?

– *Pos* olhe. Vou mandar pelo *Jangote* para a Fazenda da Boa Vista, para o Hermes usar quando estiver por lá.

Uma semana após a viagem ao Sul, Carlos recebe com surpresa o convite para ser conferencista em uma programação cultural, na serra de Petrópolis, sobre o assunto que bem entender. No último sábado de fevereiro de 1913, diante de uma plateia *chic* na qual as damas estão em maioria, ele proferirá uma palestra sobre seu tema preferido, sob o título de *Sphynge, o mistério da mulher*, ao qual se dedicou sem descanso durante uns bons dias.

O majestoso Palácio de Cristal é um lugar para poucos, um templo de tradição e requinte, mandado construir em ferro e vidro pelo conde D'Eu como presente à princesa Isabel para ela promover suas exposições de flores e pássaros. Com o tempo, sediou bailes e festas da nobreza, enquanto ela existiu. Nos últimos anos, sua transparência sofisticada abriga recepções e colóquios culturais voltados a alimentar o diletantismo sofisticado. Estar ali, como conferencista, é um atestado de prestígio, e é o que experimenta neste verão calorento.

– Confesso que receava falar neste templo onde já se fizeram ouvir o glorioso Olavo Bilac, o imaginoso e sempre fulgurante Coelho Netto, o elegante Affonso Celso e, por último, este novo romancista que, já em sua estreia, se impõe como triunfador, Gilberto Amado, aqui presente, a quem peço uma salva de palmas.

A assistência aplaude o homem gordote posicionado a um canto da primeira fila, que agradece com um aceno.

– Como dizia, era tal o meu receio que pedi a uma deusa que preparasse a conferência – é interrompido por risos. – Dirigi uma fervorosa invocação à *Sphynge* e ela me apareceu em sonho, banhada em ondas de luz de um brilho estranho. Toda ela resplandecia, fulgurava. O seu débil corpo fluxuoso erguia-se por entre as labaredas de uma fogueira sagrada que não a queimava. Toda ela exalava um perfume penetrante de incenso, que dá a nós, mortais, o prenúncio das delícias do além-céu. Sorria. Nos seus lábios entreabertos desenhava-se a ironia fria como uma lâmina de Toledo.

Faz uma pausa para saborear as reações da plateia.

– Pensei que ela me chamasse num gesto longo, largo e lento. Entretanto, desapareceu, deixando comigo uma partícula de sua alma de *Sphynge* a perturbar meu sistema nervoso, num sofrimento cruel. Ao contrário da *Sphynge* de Thebas, a *Sphynge* de hoje não promete devorar o Édipo que não conseguir decifrá-la, mas promete atormentá-lo pelo resto dos dias com o martírio de seu mistério. E cumpre sua promessa: espezinha, tortura e flagela o Édipo, que a seus pés sente uma extrema volúpia de gozo vadio na flagelação, e não decifra o enigma eterno, pois mais vale sentir a ânsia do grande mistério da *Sphynge* do que compreendê-lo e perder para sempre a *Sphynge*, sem a qual a vida não vale a vida.

Por vários minutos, disserta sobre a figura da mulher nos livros de Beaudelaire, Verlaine, Marcelo Gama e Raymundo Correa.

– A mulher pode ser ao mesmo tempo o volúvel feminino de Victor Hugo, o vicioso feminino dos realistas, o fúnebre feminino dos românticos, o histérico feminino dos decadentes, o piegas feminino dos *vates lamurientus* de terceira classe, e, ainda, conforme as ocasiões e preferências, o contraditório, o problemático, o paradoxal, o inconsequente, o incoercível, o exasperante. Mas não se poderá negar que ela seja a grande *Sphynge* da Humanidade.

Recebe manifestações de apoio das mulheres presentes.

– Quero neste momento fazer uma profissão de fé. Sou um pagão, que ama a vida na gloriosa majestade de sua natureza, no mistério que a envolve e que principalmente se reflete na mulher, porque ela é o objeto da maioria das preocupações e análises do homem. Diz o Gênesis que a primeira mulher levou o homem à perdição do pecado original. Pois eu digo que não. A primeira mulher não perdeu, e sim salvou o homem. Libertou-o das garras do tédio e, mais tarde, obteve o perdão de Deus ao pecador. Até ao diabo a mulher logrou, prevendo a vinda de Cristo e o sofrimento de Maria.

Dirige-se, então, às mulheres presentes na plateia e homenageia uma a uma, destacando suas peculiaridades de beleza e, quando não é o caso, de caráter, em uma espécie de preparação para o *grand finale*.

– Na obra máxima do gênio humano que é *Fausto*, de Goethe, quando Margarida, que perdera a alma de Fausto, obtém da Virgem que o mesmo Fausto seja salvo, ouve-se o coro místico. Tudo que é temporal e perecível não passa de ficção e símbolo. A prova da insuficiência da vida está feita. O memorável já foi todo ele narrado. Só o eterno feminino nos atrai para o céu. O eterno feminino foi o hino de um gênio elevado à imortalidade da mulher, soberana pelo poder mágico de atração que a torna a grande *Sphynge*. A vida sem o Ideal, o sagrado jogo que todos os *Prometheus* da Terra tentam roubar aos céus, numa escalada trágica com o risco de todos os perigos e todos os castigos, não seria vida. A vida sem a mulher seria a vida sem o Ideal, a vida sem a vida.

Em poucas semanas, a vida de Carlos transfigura-se de forma impressionante e acelerada. De agitador fracassado e boêmio incorrigível, praticamente alijado dos espaços onde as coisas importantes acontecem, passa a conviver nos altos escalões da política, como acompanhante do senador Pinheiro Machado, o qual – nem seus inimigos duvidam – será o novo presidente da República. Ao mesmo tempo, circula ao lado de escritores destacados, frequenta *picnics* de famílias tradicionais e flerta com mademoiselles – às vezes, também, com madames – da alta sociedade no seleto Café Lallet. Seus poemas são publicados com frequência na revista *Careta*.

> *Eu tenho muitas vezes um sonho estranho*
> *De não sei que mulher que adoro e que me adora*
> *E que não sinto sempre a mesma, como agora*
> *Nem, de todo diversa e me entende o mundo*
> *Porque ela só quem sente o transparente fundo*
> *De minh'alma – ai me mim – que é um problema aos de fora*
> *E a palidez da minha fronte que descora*
> *Se ela é em pranto, reflete em seu olhar profundo*

É sempre escalado como orador em festividades, recepções ou cerimônias fúnebres, e o faz com as construções gramaticais e entonações adequadas às situações. Tem consciência que o ingresso no mundo dos bon-vivant tem a ver com sua proximidade com o senador Pinheiro Machado. Com o tempo, isso deixa de ser um incômodo.

Por afinidade literária e política, Carlos torna-se grande amigo do escritor sergipano Gilberto Amado, cujo livro de estreia, *A chave de Salomão*, causa grande impacto nos meios literários. Além de professor de Direito, Amado tem pretensões de seguir a carreira parlamentar, sob os auspícios do senador Pinheiro Machado. Amado o leva aos saraus na casa do escritor Coelho Netto, onde passa a relacionar-se com a nata dos literatos do país, como

Olavo Bilac, Bastos Tigre, Goulart de Andrade, Alcides Maya, Marcelo Gama, Lindolfo Collor e o jovem poeta Annibal Theophilo. Desses encontros, nasce a Sociedade dos Homens de Letras, da qual Carlos não pode participar, pois ainda não possui livros publicados.

Conviver com esses homens de cultura consistente e espírito elevado sedimenta um caminho que persegue desde seus primeiros versos e do qual, agora, não precisará desviar-se. O senador Pinheiro Machado o incentiva com frases do tipo "é isso que sempre esperei de ti".

Seus amigos, agora, são os escritores, dos quais tenta se aproximar e se tornar um deles, e os que desenvolvem suas vidas à sombra do poder político de senador Pinheiro Machado. Os companheiros da Junta Acadêmica, com quem compartilhava os arroubos juvenis, Carlos os deixou em algum lugar do passado. Por isso, relutou em aceitar o convite de Alfredo para um encontro "em nome dos velhos tempos". Porém, em férias de seu emprego na embaixada brasileira na Dinamarca, Alfredo tanto insistiu que ele acabou cedendo. Os dois estão sentados a um canto do Café Colombo em um fim de tarde quente de abril de 1913, e a conversa se reveste de cuidados de parte a parte para evitar assuntos mais delicados.

Alfredo conta de seu noivado com uma jovem chamada Ulla, filha de um diplomata dinamarquês.

– Bonita?

Alfredo faz que sim com a cabeça.

– E com uma vantagem: toca piano muito bem. E você? Mantém-se fiel ao celibato?

– Tenho outras coisas a resolver antes de tomar uma decisão tão drástica. Agora mesmo, estou empenhado em lançar meu primeiro livro de poesia.

– Não me diga? Já tem nome?

— Por enquanto é *Alguns poemas*.

Alfredo torce o nariz.

— É provisório, até surgir um melhor — Carlos justifica.

A conversa é entremeada de pausas, como se ambos houvessem esgotado o repertório de assuntos triviais.

Alfredo toma a iniciativa.

— Quando nos vimos pela última vez?

— Naquele dia depois da votação. Saímos para tomar um porre.

— Afogar as mágoas.

— Tivemos que carregar o Rômulo pra casa, lembra?

Os dois riem, sem jeito.

— Na verdade, eu queria conversar sobre... — Alfredo inicia, mas é interrompido.

— Vamos, diz logo o que você está pensando. Que eu me tornei um deles?

— Não é isso. Podemos contornar esse assunto.

— Continuo sendo um civilista, mas as coisas mudaram.

— Pelo que vejo, para pior.

— Mudaram, simplesmente. O Brasil de hoje não é o de quatro anos atrás.

— O senador Pinheiro Machado mudou? — Alfredo pergunta, em tom sarcástico.

— Ele não apoiou essas barbaridades cometidas pelo marechal a mando dos *coligados*, pode ter certeza.

— Difícil acreditar que o homem mais poderoso da República foi voto vencido em assuntos tão graves.

Carlos debruça-se sobre a mesa.

— Meu amigo, ouça o que eu digo. Pinheiro Machado é o único nome capaz de pôr um dique nesta anarquia desbragada que vem sendo estimulada pelos despeitados e traidores de sempre.

— Fico pensando o que o doutor Ruy diria disso.

– Tenho certeza de que o próprio Ruy Barbosa, de cujo amor pela República ninguém duvida, na hora certa haverá de se colocar ao lado do general, esquecendo ressentimentos pessoais.

– Duvido. Meu pai – refere-se ao senador Hercílio Luz – esteve com ele há duas semanas. Não apoiará o general nem com banda de música e fogos de artifício.

– O doutor Ruy já não é o mesmo – Carlos retruca.

– As cartas já estão marcadas, Carlos. Minas e São Paulo acabam de assinar um pacto. A política do "café com leite" ressurgiu. Quando estão juntos, ninguém pode com eles.

– São movidos pelo ódio pessoal. Como se explica que o Partido Republicano Mineiro tenha alardeado o repúdio à candidatura de Pinheiro Machado sem que o assunto fosse tratado oficialmente?

Alfredo sacode a cabeça.

– De mais a mais – insiste Carlos, levemente alterado –, vão se unir em nome de quem? Podem percorrer o Brasil de alto a baixo com a lanterna de Diógenes que não encontrarão alguém para bater o general Pinheiro Machado.

– Fico pensando onde ficaram os seus sonhos.

– Quando somos jovens, queremos mudar o mundo. Quando viramos adultos, temos que nos adaptar a ele. Mas sem perder a essência!

Alfredo fita o amigo por alguns instantes com um olhar de decepção. Este procura não se abalar.

– Eu perguntaria qual a sua essência, mas não quero mais perder tempo com essa discussão inócua. O motivo do meu convite não é para falar de política. Em primeiro lugar, queria rever meu grande amigo. Em segundo, precisamos falar sobre o Rômulo – propõe Alfredo.

– Sei que foi para o Mato Grosso. Depois, perdi o contato.

– Mora em São Paulo. Não sabe o que aconteceu?

– Bem sei que a gente não deve se distanciar dos amigos, mas... – fala como se estivesse se desculpando.

– Procurei o Rômulo aqui no Rio para matar a saudade. Não consegui encontrá-lo, porém fiquei sabendo de uma história escabrosa envolvendo o nosso amigo.

– Sobre o Rômulo?

– Imaginei que você soubesse – estranha Alfredo. – O Rômulo está sendo processado por defloramento. Seduziu uma jovem menor de idade prometendo casamento.

– Que eu saiba ele esava casado.

– Estava. A moça fez a queixa e deixou o Rômulo em maus lençóis.

– Que maçada!

– Isso não é o pior. A jovem estudava na Escola Normal, onde trabalhava o pai dele, lembra do seu Belarmino?

– Claro. Um sujeito alegre e bonachão.

– Seu Belarmino conhecia a família da moça. Quando ficou sabendo do ocorrido, o velho não suportou a vergonha perante seus colegas da escola.

– Pediu demissão?

– Pior. Suicidou-se.

Carlos arregala os olhos.

– Não diga uma coisa dessas!

– Isso aconteceu há uns três meses. Imagina como deve estar o Rômulo. Pensei em procurá-lo em São Paulo, mas não terei tempo. Viajo em dois dias.

– Pode deixar. Vou procurá-lo.

– Seria bom.

A esfuziante presença de Carlos no mundo literário começa a ruir a partir de um acontecimento insólito, do qual não teve a menor culpa. Seu grande amigo Gilberto Amado escreve resenhas literárias no jornal *Gazeta de Notícias*. Em uma delas, atacou sem piedade o terceiro livro do poeta Lindolfo Collor, um de seus colegas da Sociedade dos Homens de Letras. Escreveu que a poesia de Collor é pobre e fez uma crítica enérgica ao que chama de "excessiva tolerância literária" da imprensa. Alguns dias depois, ao encontrar Amado na Rua do Ouvidor, quando este se dirige à redação do jornal, Collor o interpela com insultos e empurrões. Amado cai ao chão. Num gesto de defesa, saca o revólver e dispara contra o poeta ofendido, porém não o atinge. O episódio ocorre diante da Livraria Garnier, ponto de encontro dos escritores, em plena Rua do Ouvidor.

O grupo da Sociedade dos Homens de Letras toma partido de Lindolfo Collor. Gilberto Amado passa a ser tratado com frieza pelos antigos colegas. Por afinidade, Carlos igualmente é excluído do convívio deles. As coisas não acontecem às claras. Amado continua participando das reuniões da SHL, mas nota um eloquente mal-estar em relação a ele que, no caso de Annibal Theophilo, é mais ostensivo. Este não perde a chance de hostilizar abertamente o escritor sergipano.

Certa feita, no interior da redação da revista *Careta*, Theophilo recusa-se a cumprimentar Amado. Vira-lhe as costas e fala em voz alta para que o outro ouça. "Sinto repugnância por esse sujeito".

– Foi uma situação humilhante. Senti ímpetos de me jogar em cima dele – Amado queixa-se a Carlos.

– Não teria chance. O sujeito é mais alto e bem mais forte do que você, além de ser metido a lutador.

– Só sei que não sou mais convidado para os saraus do

Coelho Netto e tenho evitado frequentar a Sociedade de Letras para não encontrá-lo.

– Deixe estar. Quando encontrá-lo, vou lhe dizer umas verdades.

– Não se envolva, por favor. É um problema meu. De um jeito ou de outro, vou resolver.

A aspiração presidencial de Pinheiro Machado vai a nocaute, pisoteada pela poderosa articulação entre os partidos republicanos de São Paulo e Minas Gerais em torno do vice-presidente Wenceslau Braz. Num gesto desesperado, o senador gaúcho planeja lançar o nome de Ruy Barbosa e lhe oferece o apoio do Rio de Janeiro e do Rio Grande do Sul, contanto que o baiano desista de seu projeto de alterar a Constituição. Este recusa com veemência.

– Não sou homem de subir à Presidência transigindo com meus princípios!

Ante o risco de ficar de fora do jogo político, Pinheiro Machado abandona momentaneamente seu sonho e anuncia sua adesão à candidatura de Wenceslau Braz, mas o desânimo toma conta de suas hostes.

Algumas semanas antes do pleito, Carlos ingressa no Café Lallet e se depara com uma mesa formada em torno do poeta Annibal Theophilo. Aproxima-se, cumprimenta os conhecidos e mantém o controle para não interpelar o desafeto de seu amigo. Quando se dirige ao fundo do salão, ouve alguém perguntar às suas costas:

– Quem é?

Escuta Theophilo responder:

– Ninguém que valha a pena conhecer. Um poeta medíocre, desse tipo de gente que vive à custa das benesses do general Pinheiro Machado. Além do mais, é comparsa daquele cafajeste do Gilberto Amado. Deve ser da mesma laia.

Carlos dá meia-volta.

– O que você disse?

Este não se abala.

– Não vou repetir porque você ouviu muito bem. Se não gostou, azar o seu.

Carlos pronuncia uma saraivada de insultos contra o desafeto, que o escuta imperturbável. Ao final, retruca:

– Vindo de quem vem, considero um elogio.

Carlos tira uma luva do bolso e a joga em direção ao poeta.

– Escolha as armas e o local!

Todos ao redor ficam perplexos.

– Perdeste o juízo – assusta-se o jornalista Leal de Souza, editor da *Careta*, que integra o grupo.

– Aceito! – grita Theophilo, erguendo-se da cadeira.

Quando toma conhecimento do fato, Pinheiro Machado chama Carlos à sua presença.

– Ficaste louco?

– Não suportei ver um amigo espezinhado daquela forma.

– Tens noção da burrice que acabas de cometer?

– Exatamente o que o senhor fez quando se sentiu afrontado pelo Bittencourt.

Carlos refere-se ao fato ocorrido nove anos antes. Inconformado com os ataques do *Correio da Manhã*, Pinheiro Machado desafiou publicamente o proprietário do jornal, Edmundo Bittencourt, para um duelo. Este, mesmo sabendo da exímia habilidade do gaúcho como atirador, resolveu aceitar. O encontro ocorreu em um ponto distante da Praia de Ipanema e Bittencourt foi gravemente ferido com um disparo na região do ilíaco, porém sobreviveu e, desde o fato, o jornal acirrou ainda mais as críticas ao senador.

– Aquilo foi diferente. Eu tinha certeza de que o Bittencourt não aceitaria. Se soubesse, não faria aquela bobagem.

– Mas eu fiz. E ele aceitou.

– Precisamos dar um jeito nisso.

– O problema é meu e faço questão de resolvê-lo sozinho.

Dois dias depois, Annibal Theophilo e Carlos da Silveira Martins Leão estão reunidos em uma sala do Teatro Municipal, do qual Theophilo é o diretor. Cada um está acompanhado por duas testemunhas, conforme as regras informais dos duelos. Carlos leva o médico Olympio Pereira e o advogado Basílio de Magalhães. Ao lado de Theophilo estão o médico Ernani Lopes e o jornalista Leal de Souza, cuja presença surpreende Carlos, que o julgava seu amigo.

Olympio Pereira abre a reunião:

– Preliminarmente, como é de praxe nessas situações, meu cliente, na condição de ofendido, se dispõe a aceitar qualquer satisfação plena vinda da outra parte, de forma a dirimir a necessidade de um confronto pelas armas, o que seria mais sensato.

Theophilo retruca, com a ironia transbordando em seu semblante.

– Noto que meu oponente parece um tanto arrependido do gesto intempestivo. De minha parte, não darei satisfações, mas aceitarei recebê-las de bom grado.

É a vez de Carlos.

– Pelo contrário. Pretendo defender a minha honra até as últimas consequências.

O médico Olympio retoma a palavra.

– Assim sendo, precisamos definir um local e as armas a serem utilizadas.

– Antes disso – interrompe Carlos –, quero deixar claro que a minha intenção é fazer o duelo mais sério da história do Brasil. Proponho que só termine quando um dos dois tiver o peito espirrado de sangue, e não serei eu.

– Vou mais além – responde o rival. – Proponho que só se recolham as armas quando um dos dois tombar ao chão, sem a mais leve faísca de vida nos olhos e sem o menor tique-taque no coração, e não serei eu.

O tom da conversa assusta as testemunhas, que tentam dissuadir os contendores a evitarem tal radicalização, porém é inútil. Os dois se encaram enfurecidos, mas irmanados na proposta de realizarem um duelo de vida ou morte. Quando se esgotam os argumentos, o advogado Basílio intervém, visivelmente constrangido.

– Senhores. Aceitei essa tarefa a contragosto, por amizade ao amigo Silveira Martins Leão. Porém, pelo tom extremo que a desavença adquiriu, não posso mais fazer parte desses acertos.

– Como assim? – surpreende-se Carlos.

– Não se trata mais de um duelo para lavar a honra com sangue e sim a premeditada fabricação de um cadáver. Não posso ser conivente com isso. Portanto, dou por finda a minha missão.

– Eu o acompanho – diz o médico Olympio.

E retiram-se da sala, deixando Carlos desconcertado. Theophilo pousa os olhos de deboche em seu rosto constrangido. Este tenta não gaguejar.

– Diante do imprevisto, peço um tempo para encontrar novos procuradores para que possamos levar adiante a nossa contenda.

Theophilo sorri.

– Que não demore muito!

Antes que comece a procurar novas testemunhas, o caso do "duelo mais sério do Brasil" chega aos jornais, certamente por iniciativa e conforme a versão de seu desafeto. Publicamente, Carlos é exposto ao ridículo. Furioso, Pinheiro Machado providencia uma versão de que seu pupilo foi convencido a suspender a história do duelo por solicitação da cúpula policial, contudo, pouca gente acredita.

Afastado do círculo mais próximo do general, acaba recebendo, como consolação, o cargo de fiscal de Penhores da Chefatura de Polícia. Suas novas tarefas não chegam a ser muito exigentes e lhe dão tempo para fazer o que lhe resta: circular pela cidade em busca de prazeres e conquistas.

Já ostenta certa fama de Don Juan, a quem atribuem aventuras amorosas em quantidade maior do que realmente se sucedem. Longe da política, dedica-se com afinco à procura de novos romances, e o foco de seu interesse neste mês de julho é uma mulher opulenta, curvilínea, de olhos expressivos e uma risada saliente, que imediatamente desperta nele o duende da lascívia.

Chama-se Solange, é casada com uma autoridade policial, circunstância que, em vez de inibi-lo, aguça a sua cobiça. A madame é habitué da Confeitaria de Vienna, na Travessa São Francisco de Paula, aos finais de tarde. Carlos começa a persegui-la. Oferece olhares de galanteio e recebe, em troca, expressões incertas, algo deletérias, que o desconcertam, mesmo julgando-se um expert na alma feminina. Em outros casos, em circunstâncias parecidas, obteve um saldo positivo quando resolveu ousar na incerteza.

Em uma tarde cintilante de julho, resolve arriscar. Quando Solange se despede das amigas e sai à rua, ele a segue.

– Posso fazer-lhe companhia?

A mulher o mira com desdém e apressa o passo. Carlos a alcança.

– Que mal tem em trocarmos algumas palavras numa tarde tão aprazível como essa?

– Não teria mal nenhum se eu tivesse o mínimo interesse em conversar com o senhor, mas não é o caso – ela responde.

– E como sabe que não existe interesse se nem começamos a conversar?

– Para começar, eu nem lhe conheço.

– De vista, sim. E tenho recebido alguns olhares de sua parte.

– Olhares?

– Insinuantes – ele sussurra, com malícia.

– Por favor, não me dirija mais a palavra – a mulher exclama. – E me dê licença.

– Táxi! – ela grita para um automóvel situado no outro lado da rua.

Carlos decide investir na empreitada. Chama outro táxi e pede ao *chauffeur* para segui-la. O auto que leva a mulher percorre a Rua Luís de Camões até a Avenida República do Paraguai, dobra à esquerda na Rua Teixeira de Freitas e ruma através da estrada da Glória, costeando a Praia do Flamengo, contorna o Morro da Babilônia e alcança a Praça Suzana, antes de ingressar no movimento da Rua Barata Ribeiro. À altura do Armazém São Geraldo, Carlos, aflito, diz ao motorista:

— Não dá para ir mais depressa? Assim, vamos perdê-lo de vista.

— Não se preocupe, doutor. Estou de olho nele.

Após cerca de vinte minutos de perseguição, o táxi que conduz Solange dobra à esquerda na Rua Guimarães Caipora e, ao fim da quadra, ingressa na Avenida Nossa Senhora de Copacabana, onde estaciona diante do número 921. A mulher desembarca e Carlos a alcança junto à porta de ferro do casarão.

— Como vê, sou persistente.

— Parabéns. Com a sua teimosia, você conseguiu me tirar do sério.

Ela enxerga um praça da Guarda Civil e pede ajuda.

— Sou esposa do delegado Francisco Ferreira de Almeida, chefe da 2ª Delegacia Auxiliar. Este cidadão está me faltando com o respeito. Exijo que o leve detido à presença do meu marido.

O guarda o segura pelo braço. Ele tenta se desvencilhar.

— Calma! Eu também sou policial. Sou chefe da Seção de Penhores. Já lhes mostro as minhas credenciais. Eu estava apenas...

— Na delegacia, o amigo poderá se explicar.

Em alguns minutos, o guarda o coloca diante da escrivaninha do delegado Almeida, que retorce as mãos.

— Escute, aqui, sujeitinho...

— Me respeite! Sou tão policial quanto o senhor. Também tenho cargo de chefia e exijo que me soltem.

— Um miserável bolina, isso sim!

— Sou amigo do senador Pinheiro Machado e do chefe de Polícia, o doutor Valadares. Quando ele souber...

Não consegue terminar a frase, porque o delegado ergue-se da cadeira, contorna a mesa e lhe acerta um bofetão no rosto.

– Miserável bolina! Isso é para aprender a não desrespeitar uma mulher decente.

Carlos levanta-se.

– Ora, seu... Com que direito...

Desta vez o policial lhe atinge com um chute na região da genitália. Seguem-se desaforos, socos e pontapés desferidos pelo marido encolerizado até Carlos desfalecer. Volta a si no meio da noite, quando um guarda lhe joga um balde de água fria. Enxerga, na porta aberta do xadrez, o chefe de Polícia em pessoa. Este faz um gesto para que o acompanhe.

No interior do automóvel, Francisco Valadares, visivelmente contrariado, lhe indaga o endereço.

– Rua do Catete, 56 – Carlos responde.

Pensa em dizer alguma coisa, mas nada lhe vem à mente. Quando o auto estaciona diante da pensão, o chefe de Polícia declara com desprezo:

– Só lhe acudi em consideração ao general Pinheiro Machado. Amanhã estou publicando a sua exoneração. Tentaremos manter o assunto fora dos jornais, mas não tenho esperança que se consiga.

No dia seguinte, a notícia está em todos os matutinos, alguns com mais, outros com menos detalhes. Todos zombam de seu comportamento. Mais do que as dores físicas, Carlos padece do orgulho espancado ao limite insuportável. Sua demissão é confirmada.

FIM DA LINHA

Em novembro de 1914, o advogado Rômulo Baptista, antigo tesoureiro da Junta Acadêmica durante a campanha civilista, hospeda-se na Pensão Eiras, em Campinas, procedente da capital paulista. Ali, passa a noite. Na manhã seguinte, toma café e avisa que irá à estação ferroviária esperar um amigo. Retorna uma hora mais tarde e pede que o funcionário o chame às 11 horas.

Na hora combinada, o criado bate três vezes à porta. Espera um pouco e torna a bater. Como não escuta nenhum ruído de dentro do quarto, tenta espiar pelo buraco da fechadura, mas a visão está obstaculizada pela chave. Sobe em uma cadeira e olha para o interior da peça através da janela de vidro acima da porta. As duas camas estão vazias.

Intrigado, o rapaz chama o gerente. Ao arrombarem a porta, encontram o corpo de Rômulo caído entre as duas camas, enforcado com seu próprio cinto. Entre seus pertences, há uma carta de habilitação para exercer um cargo de promotor público no Estado de Goiás.

Carlos lê a notícia, incrédulo. Rômulo, o bufão do grupo, aquele que sempre dispunha de uma tirada espirituosa mesmo nos momentos mais dramáticos, que ria das tragédias e oferecia consolo aos amigos nas horas de infortúnio, este Rômulo risonho e confiante sucumbe de forma incondicional aos seus próprios fantasmas, sem que alguém estivesse por perto para animá-lo.

O remorso consome a alma de Carlos por não ter procurado o amigo, como prometera a Alfredo. Desaba, então, em um choro no qual a perda de Rômulo mistura-se com suas próprias frustrações, seus sonhos abandonados, suas escolhas temerárias e suas iniciativas desastradas.

O ostracismo de Carlos já dura meio ano, no qual sobrevive com algum dinheiro que a mãe lhe alcança à revelia do pai, quando uma nova tragédia transcorre ao seu redor. No dia 20 junho de 1915, a Sociedade dos Homens de Letras promove a tradicional Hora Literária, principal evento literário do Rio de Janeiro, no salão do segundo andar do *Jornal do Comércio*. Mesmo não incluído no rol dos conferencistas, Gilberto Amado se faz presente na plateia, acompanhado da mulher e de alguns amigos, entre eles, o diplomata gaúcho Paulo Hasslocher. Finda a programação, o grupo aguarda o elevador quando surge Annibal Theophilo, o conferencista do dia. Pareceu a Amado que o antigo desafeto o teria cumprimentado. Surpreso, retribui com um aceno. Theophilo, no entanto, o encara com desprezo:

– Não foi você que eu cumprimentei e sim àquela senhora próxima. A você eu não cumprimento – e se afasta, comentando com seus amigos: "É preciso dar uma lição a esses cachorros".

Hasslocher dirige-se a Amado.

– Você precisa reagir. Um homem não pode ser tratado dessa forma. Pelo menos, dê uma bengalada nele, qualquer coisa.

A esposa de Amado, no entanto, suplica que ele releve a ofensa.

Diante da inação do amigo, Hasslocher interpela Theophilo:

– O senhor tentou desafeitar um amigo que está em minha companhia, na frente de sua família. Peça desculpas!

– Eu não tentei desafeitar. Eu desafeitei e vou desafeitar também o senhor – afasta-se um passo e acerta-lhe um pontapé no estômago que o derruba.

Hasslocher ergue-se para reagir quando ouve três estampidos e vê Theophilo desabar à sua frente. Atrás dele,

Gilberto Amado tem um revólver Mauser fumegante à mão.

— O Amado baleou o Annibal Theophilo! Estamos no 1º Distrito. Corra para cá — foi como Carlos ficou sabendo do fato, através de um telefonema de Paulo Hasslocher.

Quando chega à delegacia, fica sabendo do ocorrido.

— Onde está Gilberto? — ele pergunta.

— Preso, lá dentro.

— Temos que soltá-lo. O general Pinheiro Machado já sabe?

— Uma comissão vai à casa dele para informá-lo.

Por linhas tortas, o desejo de Carlos de ver morto o seu arrogante inimigo, algo que pretendia realizar no malfadado duelo, materializou-se na ação de um terceiro. Por um peculiar mecanismo psicológico, sente-se em dívida com o amigo Gilberto Amado por ter feito o que ele não conseguiu — eliminar Annibal Theophilo. Assim, atribui-se a missão de libertá-lo dessa situação incômoda.

Deixa o prédio e ingressa em um armazém próximo:

— Posso usar o telefone?

Disca um número e pede para falar com o delegado:

— Quem deseja?

— Diga que é o senador Pinheiro Machado — responde, imitando o timbre de voz e o sotaque gauchesco do caudilho.

— Pois não, general — ouve a voz do delegado Aurelino.

— Tomei conhecimento do grave incidente envolvendo o deputado Gilberto Amado e me encontro enternecido.

— Foi uma tragédia.

— Pelo que fiquei sabendo, as circunstâncias do flagrante não estariam bem esclarecidas, é isso?

— Agora é que estou me inteirando do acontecido — responde o policial.

– Então, sugiro que as coisas sejam feitas com mais vagar, para talvez até averiguarmos a possibilidade de se relaxar esse flagrante.

Feito isso, toma um táxi e se dirige à residência de Pinheiro Machado. Encontra-o reunido com seu secretário Solfiere de Albuquerque.

– Soubeste do Amado – o general pergunta.

– Acabo de vir da delegacia. O principal agora é tirá-lo da cadeia.

– É difícil. Já devem ter lavrado o flagrante.

– Isso que eu vim lhe falar. Existem alguns pontos obscuros. Ainda há dúvida se o Amado foi detido ou se entregou. Consegui segurar o flagrante, para ganharmos tempo.

– Conseguiu como?

– Fui obrigado a telefonar ao delegado Muniz de Aragão... em seu nome.

– Em meu nome?

– Foi necessário, pois não me dariam ouvidos. O senhor precisa falar com o chefe de Polícia.

Visivelmente aborrecido, Pinheiro Machado pede que o sobrinho faça uma ligação.

– Seu Aurelino? Como vai o amigo? Claro, estamos todos chocados com o acontecido. Estou ligando para me inteirar sobre os pormenores dessa tragédia... Como? Não, não telefonei... Não... Deve ter havido um mal-entendido... Posso *le* garantir que não... Algum engraçadinho que não tem o que fazer – comenta, olhando para Carlos. – De forma alguma procuraria interferir no trabalho da Polícia. Estavam de mal? Sei... Quero *le* assegurar que confio no seu critério e tenho certeza de que os fatos serão apurados com a maior isenção de ânimos... Entrego a solução ao seu senso jurídico... De certo... Estarei acompanhando.

Desliga o aparelho e conta o que ouviu do chefe de Polícia.

– O flagrante é insofismável. O Amado vai continuar preso. E quanto a ti – aponta para Carlos –, ouve bem: é a última vez que falas em meu nome.

José Gomes Pinheiro Machado tenta se reerguer no cenário político desde que seus planos de chegar à Presidência foram torpedeados pelos caciques de São Paulo e Minas Gerais. Volta aos bastidores, mas seus recentes movimentos políticos revelam-se temerários e produzem estragos consideráveis na sua imagem pública. Primeiro, trabalha contra a candidatura de Nilo Peçanha à Presidência do Rio de Janeiro, a qual, contudo, recebe grande apoio popular. Depois, impõe o nome do ex-presidente Hermes da Fonseca como candidato ao Senado pelo Rio Grande do Sul. Por conta disso, escapa de ser linchado à saída do Senado Federal por uma multidão de oposicionistas inconformados.

Neste momento, teria dito sua frase mais célebre, ao orientar seu motorista, quando este lhe pergunta como deveriam sair:

– Não tão devagar que pareça afronta, nem tão depressa que pareça medo.

Pinheiro Machado afasta-se dos holofotes por alguns meses, entretanto não é homem de desistir. No dia 15 de setembro de 1915, ao encerrar-se a sessão no Senado, se dirige ao Hotel dos Estrangeiros, onde pretende conversar com o deputado paulista Rubião Junior, seu adversário político. Como este tivesse se ausentado, Pinheiro Machado avista os deputados Bueno de Andrade e Cardoso de Almeida no saguão.

– Como vai, senador?
– Como vai você, seu Cardoso.
– Houve sessão no Senado hoje?
– Nada de mais importante. Vim aqui visitar o seu Rubião, mas ele deu uma saída.
– O deputado Albuquerque Lins está aí – alude Cardoso, referindo-se ao ex-presidente de São Paulo.
– Ah é? *Pos* vamos conversar com o seu Albuquerque.

Por trás do senador, um homem magro de chapéu de palha e paletó aberto esbarra em suas costas e, ato contínuo, se afasta. Pinheiro Machado vira-se, abre os braços e faz menção de perseguir o agressor, mas estaqueia. Cardoso estranha sua fisionomia.

– Está pálido, general.

Só então percebe que o senador está sangrando.

– Apunhalaram-me pelas costas, os canalhas!

Levado a uma saleta ao lado do saguão, Pinheiro Machado morre alguns minutos depois, antes de receber atendimento médico.

O criminoso é preso a algumas quadras do hotel. Francisco Manso Coimbra, gaúcho de Uruguaiana, que servira na Polícia de São Paulo, confessa a autoria.

– Matei o general Pinheiro Machado. Não incriminem a ninguém. Agi só.

Os motivos que o levaram ao crime jamais serão esclarecidos.

Depois de velado no hall do Senado, o corpo de Pinheiro Machado é levado em préstito através das ruas do Rio de Janeiro, acompanhado por uma multidão, rumo ao Arsenal da Marinha. Carlos assiste a tudo. Durante o trajeto, a viúva, dona Brasilina, desce bruscamente do automóvel que a conduz e se aproxima do caixão, retira suavemente as flores que cobriam o rosto do marido e recosta-se ao cadáver, soluçando e murmurando palavras de despedida.

Diante da cena comovente, Carlos se sente na obrigação de falar algo. Posta-se diante do povo e ergue a voz:

– Os responsáveis pela morte deste grande brasileiro são os mesmos agitadores que, na Câmara dos Deputados, na praça pública e na imprensa pregavam a eliminação do querido amigo. A audácia desses sicários é tanta que chegaram a beijar o punhal que deveria exterminar o líder da política nacional. É ele, o punhal de Sicário, que tentará dominar a política brasileira. Contra essa inversão da ordem social, batalharemos nós, os seus amigos, fiéis à sua memória sagrada. Haveremos de fazer do seu corpo tombado pela covardia dos canalhas uma trincheira inexpugnável, em cuja retaguarda defenderemos a República. Viva Pinheiro Machado! Viva a República!

III.

O FOLHETIM DE DALLILA E EDUARDO

Com *champagne* importado, quitutes da Confeitaria Schramm e largos sorrisos, os irmãos pelotenses Carlos e João Pinto abrem as portas da nova Livraria Americana, no imponente palacete de quatro andares recém-construído na esquina da Rua da Praia com a General Câmara, no mesmo lugar do velho sobrado onde a livraria funcionou durante vinte anos. Do grupo de convidados para a inauguração, fulguram políticos, escritores ou aspirantes a tal, jornalistas, intelectuais, advogados e acadêmicos, a clientela tradicional da Livraria Americana, desde que a matriz pelotense instalou sua filial em Porto Alegre.

Ali, através da janela frontal do prédio antigo, os irmãos Pinto testemunharam a grande mudança. Em pouco mais de vinte anos, de pacata província constituída de sobrados coloniais e nenhuma ambição, Porto Alegre transfigurou-se em uma cidade pretensiosa, com ares europeus na arquitetura sofisticada, na elegância de suas mulheres e nos devaneios de seus escritores.

Diante da livraria, trafegaram os bondes puxados a burro, depois substituídos pelos modernos vagões elétricos trazidos da Inglaterra da Companhia Carris Urbanos. As carruagens, a cada ano mais sofisticadas, passaram a dividir espaço com os primeiros automóveis e os lampiões a óleo de baleia deram vez à iluminação pública.

Por aquele canto privilegiado da cidade, a alguns metros da Praça da Alfândega, desfilaram as manifestações abolicionistas que precipitaram a libertação dos escravos em Porto Alegre, quatro anos antes da lei de alforria assinada pela princesa Isabel. Por ali, marcharam as grandes passeatas a favor da República e se aguçaram as provocações entre partidários de Júlio de Castilhos e Gaspar Silveira Martins, apenas ofensas e brigas de soco, enquanto no interior do Estado se matavam das formas mais ignóbeis.

Carlos Pinto cuidava da matriz em Pelotas e da filial em Rio Grande, mas pelo menos uma vez por mês viajava de paquete a Porto Alegre através da Lagoa dos Patos para inspecionar a filial, administrada pelo irmão mais moço. A simpatia de João pelas ideias federalistas causou alguns percalços à livraria durante a sangrenta revolução de 1893. Ele chegou a ceder uma das salas do sobrado para a redação d'*A Reforma*, órgão do partido liderado por Silveira Martins, por sinal, impresso nas oficinas instaladas nos fundos da Livraria Americana.

Sob o domínio político do castilhismo, escorado nas regras do positivismo científico de Augusto Comte, e impulsionado pelo empreendedorismo dos alemães e suas indústrias de metalurgia, móveis, sabão e cerveja, o desenvolvimento de Porto Alegre acelera-se com o ingresso no século 20. Já funcionam as faculdades de Engenharia, Medicina e Direito, e novos colégios são criados. As novidades como a telefonia, o cinematógrafo e o gramofone aparecem com uma rapidez estonteante.

E a Livraria Americana progride junto. De início, contentavam-se em vender livros técnicos, dicionários, mapas e compêndios, todos impressos em suas próprias oficinas, além de material escolar – lápis, borrachas, tinteiros, giz, tabuadas e cadernos pautados ou quadriculados – e, naturalmente, livros importados do centro do país e até do exterior. Nesses primórdios, seu primeiro sucesso de vendas fora o *Livro precioso*, escrito por um oráculo brasileiro de pseudônimo Beduíno, o qual se destinava a injetar ânimo e autoconfiança aos que se sentiam inseguros no amor e azarados nos negócios, ou vice-versa – uma parte significativa dos porto-alegrenses, a se considerar a quantidade de volumes vendidos.

Isso é passado. A nova classe dos letrados, com seus cabelos longos e gravatas de laço, exige literatura de verdade, e a Americana os abastece com Dumas, Victor Hugo, Maupassant, Verlaine, Whitman, Dostoievski, Eça, D'Annunzio, Baudelaire, Mallarmé, Tagore, Castro Alves, Machado de Assis, mais as revistas culturais e satíricas encomendadas do Rio de Janeiro – *O Malho, Careta, Tico-Tico* –, além do *Almanack Literário do Rio Grande do Sul*, que a própria livraria edita. Para as mulheres, que começam a sair às ruas atraídas pelas vitrines da Rua da Praia, a livraria oferece assinaturas da revista *A Estação*, versão nacional da francesa *La Saison*, com as novidades da moda europeia, e edulcorados folhetins românticos.

A Livraria Americana torna-se um ponto de encontro dos literatos, e a eles se acoplam os acadêmicos, cuja sede de leitura é inversamente proporcional ao parco poder aquisitivo. Pensando neles, a Americana lança a coleção *Edições Econômicas*, composta de meia centena de livros em formato de bolso que ela própria imprime, sem autorização dos editores legítimos e nenhuma preocupação com os direitos autorais. A preços baixíssimos, os estudantes podem comprar *A dama das camélias, O jogador, Romeu e Julieta, As minas do rei Salomão* e várias obras de José de Alencar.

Na velocidade dos tempos modernos, a paisagem de Porto Alegre adquire nova feição. Os simplórios sobrados em estilo colonial sucumbem para dar lugar a construções neoclássicas. Na esquina da livraria, dois novos prédios gigantes – o Hotel Viena e a Confeitaria Central – escancararam aos irmãos Pinto a urgência de ampliar e embelezar suas instalações.

Em menos de um ano, a firma Irmãos Tomatis & Cia ergue o novo palacete, em estilo *art nouveau*, com três amplas vitrines para a Rua da Praia, quatro para a Rua General Câmara e uma porta central na quina do prédio. O salão térreo oferece um vasto espaço para os livros e a circulação do público. No segundo piso, estão as novas impressoras e os estoques.

Entre brindes e vivas, Pinto detalha aos clientes o enorme esforço da firma para obter os recursos necessários.

– Só com as nossas economias não seria possível – conta com modéstia. – Por isso, foi decisivo o acordo prévio com a forte Associação dos Empregados no Comércio, que vai se instalar nos dois andares superiores.

Em um dos cantos, um grupo de oposicionistas comenta com alguma excitação a novidade bombástica de que Borges de Medeiros não concorrerá à reeleição em 1908.

– Isso mesmo – diz o jornalista Carlos Cavaco –, o homem cujo futuro seria a presidência da República, segundo vaticinavam seus correligionários mais exaltados, agora volta para o interior e vai plantar arroz na sua fazendola em Irapuazinho. Acreditem em mim: aí tem o dedo do senador Pinheiro Machado.

– Não duvido – retruca o advogado Tibúrcio. – Querem estancar a sangria a todo custo. De qualquer forma, não resta dúvida: é o fim da praga do borgismo. De minha parte, só posso dizer: já vai tarde.

João Pinto abre um sorriso, mas é alvejado por um olhar de censura do irmão. Responde por gestos que o tema da conversa não partiu dele.

Em outro canto, o tema da conversa dos intelectuais presentes é a polêmica em torno do folhetim *Nina*, entre o autor e o escritor Peri Cunha, o qual considerou a personagem da obra inverossímil.

Nesse momento, adentra na loja um casal de meia-idade, acompanhado de uma menina graciosa, trajando um vestidinho floreado e com enfeites no cabelo. Carlos Pinto pede a atenção dos visitantes:

– Amigos, faço questão de apresentar, talvez muitos o conheçam, o novo integrante da Livraria Americana, cujo ingresso na sociedade garantiu os recursos necessários para o nosso investimento. Um brinde ao doutor Raphael Vieira da Cunha!

Este abre um sorriso e recebe uma taça. A seu lado, Carolina mantém os olhos na filha do casal, que circula pelo salão, com indomável energia, atraindo o encantamento dos presentes. Depois de percorrer todos os corredores como se estivesse jogando sapata, volta ao convívio da mãe:

– Mamãe, tudo isso aqui é do papai?

– Do papai e daqueles dois senhores – Carolina aponta para os irmãos pelotenses e a leva até eles.

– Que menina linda! – elogia um dos irmãos. – Quantos aninhos tu tens?

Ela ergue uma mão cheia e mais um dedo da outra.

– Já! E qual é o nome dessa menina linda de seis anos?

Ela esfrega a bochechinha no próprio ombro e olha para o pai, que a encoraja a responder.

– Dallila.

Não se imaginaria dois meninos brigando por assuntos da política externa, porém é o que acontece. O advento da República em Portugal processa-se em tons dramáticos e repercute além-mar. A separação entre Igreja e Estado, um dos pilares do novo regime, é tomada ao pé da letra. Em seus primeiros atos, o governo republicano promove uma feroz perseguição às ordens religiosas envolvidas com atividades que extrapolem as de mero conforto espiritual. O principal alvo é a Companhia de Jesus e sua vocação para a instrução pública. Os jesuítas estrangeiros são expulsos e os portugueses podem permanecer desde que abandonem a Ordem.

Alguns buscam refúgio no Brasil. No entanto, pressionado pelos republicanos nacionais, o presidente Nilo Peçanha, em seu último gesto antes de entregar o governo ao marechal Hermes da Fonseca, proíbe o desembarque dos jesuítas portugueses, evocando a Lei dos Estrangeiros, a qual, na verdade, se destinava a impedir a chegada de criminosos e malfeitores.

No Ginásio Anchieta de Porto Alegre, que muitos ainda chamam de "colégio dos padres", a medida causa aflição entre seus mentores e reaviva as dificuldades de entrosamento dos jesuítas com o governo do Partido Republicano, de orientação positivista e anticlerical. O assunto é tratado de forma discreta, mas as preocupações dos religiosos são captadas pelos alunos e se tornam motivo de conversas e desavenças na hora do recreio.

– Uma barbaridade – comenta o aluno Eduardo Costa, de 12 anos. – São padres e não bandidos.

Alguns concordam, mas seu colega Hugo Ramos contesta.

– Se são tão bonzinhos, por que foram expulsos?

– Porque botaram um governo que não gosta de padres – responde Eduardo.

– Meu pai disse que os padres de lá estavam querendo se meter em tudo, em vez de se contentarem em rezar missa.

– Ah, é? Então por que ele te colocou no colégio dos padres? Teu pai só diz besteira.

– Quem é tu pra falar do meu pai? – responde Hugo, dando um empurrão no colega.

Este responde com um tabefe no rosto de Hugo.

– Isso é pra aprender a não bancar o valente.

Os dois engalfinham-se em agarrões, até serem apartados. Vão parar no gabinete da direção. Enquanto escutam, de cabeça baixa, o sermão do diretor Henrique Lenz, Eduardo murmura.

– Depois da aula, no meio da Praça da Matriz.

Hugo é menor e mais fraco, contudo, não quer passar por covarde.

– Vou te fazer engolir cada ofensa ao meu pai.

O desafio circula como um rastilho pelos corredores do ginásio. Ao final da tarde, quando bate a sineta, os alunos rumam em bando até a praça, a duas quadras dali. Ao chegarem, formam um círculo. Encorajado pelos amigos, o pequeno Hugo interpela Eduardo.

– Repete o que tu falou do meu pai.

O outro arremanga o casaco.

– Disse e repito. Teu pai só diz besteira. Devias te envergonhar de ter um pai assim. Bobalhão!

Furioso, Hugo tenta acertar-lhe um soco, facilmente aparado pelo rival, que contra-ataca. Começa a esmurrar o garoto de forma incessante, obrigando-o a recuar. Quando Hugo desaba ao chão, passa a fustigá-lo com pontapés no ventre e nas costas. Hugo é erguido pelos colegas. Alguns pedem o fim da briga.

– Não – retruca Eduardo –, ele precisa apanhar mais um pouco.

Quando se aproxima do desafeto para nova sessão de pancadaria, sofre uma pontada no abdômen. Enxerga, então, um pequeno canivete ensanguentado na mão trêmula de Hugo. Alisa o ventre e sente uma gosma de sangue. Enfurecido, salta sobre o oponente, mas é novamente espetado, desta vez no braço. Em resposta, retira o cinto e passa a chicotear Hugo, abrindo uma chaga em seu rosto com a fivela.

Ante a cena sanguinolenta, os meninos assistentes decidem intervir e conseguem conter Eduardo, a muito custo. A chegada dos praças da Guarda Municipal encerra a briga, com os dois contendores feridos e levados à Assistência Municipal.

No dia seguinte, o comerciante João Pereira da Costa aguarda na antessala da direção do Ginásio Anchieta para uma nova conversa sobre o assunto que constantemente o leva até ali: a má conduta do filho. Desta vez, para suprema vergonha do velho João perante a clientela sofisticada da joalheria A Esmeralda, de sua propriedade, a briga do filho foi parar nos jornais.

– O diretor vai recebê-lo – anuncia o secretário.

João encontra o padre Lenz com uma fisionomia entre grave e complacente no rosto.

– Em primeiro lugar, como vai o menino?

– Foi medicado. Nada grave. Já está em casa, de castigo

– João enfatiza a última palavra, como se estivesse dando uma satisfação ao diretor.

– Caríssimo amigo. Já fizemos de tudo o que estava no nosso alcance para domesticar a impulsividade de Eduardo. Infelizmente, nos demos conta de que os nossos métodos não estão dando resultado. Não é de nosso feitio desistir de algum aluno diante da primeira dificuldade, mas, veja, os atritos com os colegas são frequentes. Há queixas dos outros pais. Eduardo tem muitas qualidades, exerce uma liderança reconhecida entre seus colegas, porém revela um temperamento indomável.

– Eu é que sei, padre.

– É desconfiado, quando dois colegas estão conversando acha que estão falando mal dele. Como é maior e mais forte, faz valer essa superioridade física para intimidar os colegas.

João ouve, tentando disfarçar a vergonha que sente.

– São sei mais como agir, padre. Já deixei de castigo, privado das coisas que mais gosta, mas ele não se abala, é orgulhoso. Desafia a todos.

– Isso pode significar, ao contrário do que parece, algum tipo de insegurança ou de fraqueza. Sem dúvida, o moço carece de maior autocontrole que, sem dúvida, a vida tratará de equipá-lo. Não lida bem com o contraditório e muito menos com as frustrações. Estamos em uma situação-limite. Vou ter que lhe sugerir que procure outra escola...

– Eu suplico, padre Lenz. Dê mais uma chance ao menino. Assumo o compromisso de ser um pai mais presente, de estar mais perto dele.

O diretor permanece pensativo por alguns instantes. Por fim, comenta:

– Não depende só de mim. Tenho que falar com os professores, que são os que mais sofrem com a conduta de

Eduardo. Eu sugiro que o senhor busque encontrar alguma atividade que motive seu filho, que domestique seu gênio e o torne alguém mais amigável e tolerante com os outros. O ideal é que essa energia toda seja canalizada para uma atividade não conflituosa, com menos riscos para ele e para os que estão em volta. O senhor já tentou direcioná-lo para as atividades esportivas, por exemplo? Acho que, no caso de Eduardo, seria um santo remédio.

– Vou tentar, padre Lenz. Prometo fazer o que estiver ao meu alcance.

Um ano antes da Revolução de 1893, vindo de Cachoeira do Sul, Raphael Vieira da Cunha desembarcou do vapor Guapo no trapiche central de Porto Alegre, trazendo a esposa Carolina, grávida de sete meses, o filho João Adelino e um bom dinheiro para investir. Quando a família já se instalara em um sobrado na Rua Demétrio Ribeiro, nasceram, em sequência, três meninas, Marina, Inah e Clara. Mal Carolina paria e logo engravidava de novo. O quinto filho, Dagoberto, seria abatido por uma pneumonia com seis meses de idade. Alguns meses depois veio Edith, que perdeu a vida com apenas 36 dias.

Assim, a nova gravidez de Carolina foi acompanhada com apreensão e cuidados por toda a família, pois os pais já se encontravam na faixa dos 40 anos. A menina, para alívio geral, nasceu risonha e saudável, em setembro de 1900. Chamaram-na Dallila, que, conforme os livros de significados de nomes, equivale a *frágil* ou *delicada*. Dallila não apenas vingou, mas acendeu uma luz esfuziante de meiguice e encanto no lar dos Vieira da Cunha, como um pequeno amuleto vivo, em torno do qual seus pais e irmãos foram construindo seus caminhos. A alegria foi tanta que Raphael e Carolina se animaram a ter mais dois filhos, Jonathas e Álvaro.

Raphael prosperou nos primeiros anos do novo século, quando associou seu capital aos alemães que instalavam suas indústrias na Zona Norte e aos italianos que começavam a dominar o setor de comércio e serviços, abalando a hegemonia dos portugueses. Mas só ganhou notoriedade quando os irmãos Pinto o procuraram em busca de recursos para o projeto de construção de um ambicioso prédio em pleno Centro de Porto Alegre.

Mesmo calculando que o retorno financeiro seria inferior ao de outros investimentos nos quais estava envolvido, a inclusão de seu nome como sócio interessado da Livraria Americana significaria para Raphael uma ampla visibilidade junto aos setores influentes do governo e da opinião pública.

Sabedor das dificuldades criadas pelo engajamento de João Pinto no federalismo, Raphael tomou a si a tarefa de limpar as arestas, e o fez aproximando-se da cúpula governista. Passou a frequentar o Palácio Piratini, participar de recepções e atos relacionados com o Partido Republicano e seus expoentes, enviar mensagens de congratulações ou pesar alusivas a aniversários e homenagens ou a doenças e falecimentos de figuras de destaque político. Não viajava sem antes visitar a sede do jornal *A Federação*, *orgam* do partido situacionista, o qual se referia a ele como "nosso simpático amigo e correligionário".

Graças ao traquejo de Raphael para as relações públicas, a Livraria Americana torna-se fornecedora prioritária do governo, responsável pela impressão de materiais de escritório para a burocracia pública, guias de pagamentos, comunicados, cadernos e mapas para as escolas estaduais.

FIM DA LINHA

Quando a prosperidade parece sorrir para a firma, uma doença repentina leva João, o mais novo dos irmãos Pinto, dois anos após a inauguração do novo prédio. Já idoso, e com a responsabilidade de cuidar das lojas em Pelotas e Rio Grande, Carlos Pinto sugere que Raphael assuma o negócio. Em 1910, associado ao jovem capitalista Oswaldo Rentzsch, torna-se sócio majoritário da Livraria Americana, que passa a ser uma extensão do lar dos Vieira da Cunha.

João Pereira da Costa não quer apenas regenerar o filho encrenqueiro. Eduardo é sua esperança para a sucessão nos negócios, pois o mais velho, João Protásio, encaminha-se inabalável para a área da engenharia. Depois de tudo o que passou para consolidar a joalheria A Esmeralda, a perspectiva de que não tenha quem dê continuidade é desesperadora.

Como ninguém, o velho português aprendeu a importância do esforço e da dedicação. Depois de trabalhar durante anos como balconista em lojas de Porto Alegre, reuniu as economias duramente guardadas e instalou a joalheria na Rua da Bragança, defronte ao Hotel Lagache. A proximidade com a poderosa Casa Masson, contudo, levou João à ruina. João viu sua loja esvaziar e, com ela, minguou o movimento da caixa registradora. Só lhe restou leiloar tudo o que tinha na loja e refugiar-se no município de Restinga Seca, onde tinha parentes que o acolheram. Permaneceu um ano no interior remoendo o fracasso, até que um dia disse à esposa Baldumira:

– Não sou do tipo de desistir. Arruma as coisas. Vamos voltar a Porto Alegre.

Desta vez, instalou-se na outra ponta da Rua da Praia. Manteve o nome A Esmeralda, apesar de conselhos em contrário. Perseverou e venceu. A uma boa distância da Masson, sua joalheria ganhou prestígio e clientela sólida por conta da diversidade de anéis, pulseiras, óculos, *pincenez*, despertadores, caixas de música, relógios de bolso e parede, quase todos vindos da Europa, através da importadora Esteves Barbosa.

João buscou espaço na vida social de Porto Alegre. De um lado, tornou-se benemérito da Beneficência Portuguesa. De outro, colocou-se como um ativo dirigente da Sociedade Esmeralda, em suas renhidas disputas carnavalescas com a rival Venezianos.

A prosperidade rendeu-lhe a concretização de um sonho. Adquiriu uma formosa chácara na esquina das ruas Múcio Teixeira e José de Alencar, na ponta do bairro Menino Deus, e ali iniciou o cultivo de avencas, begônias, orquídeas, videiras e outras árvores frutíferas, com o plano de dedicar-se exclusivamente a elas quando se aposentasse. Para viabilizá-lo precisa de um herdeiro e, sem outra alternativa, a aposta recai sobre Eduardo.

Ainda que o próprio João se mostrasse cético, o conselho do padre Lenz em relação ao filho dá resultado. Levado inicialmente a contragosto para o Clube Tamandaré, da colônia portuguesa, em pouco tempo o menino obtém destaque em várias modalidades, como natação, remo e *football*. O esporte lhe proporciona massa muscular, respeitabilidade e noções de disciplina que o jovem se esforça para cumprir.

Assim, quando o moço conclui o Ginásio no Anchieta, o exultante pai rapidamente o matricula na Escola do Comércio, onde aprenderá as técnicas adequadas para futuramente administrar a joalheria.

Dallila cresce exibindo uma beleza incomum e uma graciosidade contagiante, o encanto em pessoa, dotada de um desembaraço que a todos conquista. É prestativa com a mãe, afetuosa com o pai e brincalhona com as irmãs, uma diferente da outra. Marina é séria, religiosa e compenetrada; Clara é irreverente e tem opinião sobre tudo à sua volta, enquanto Inah é romântica e sonhadora.

João Alcides Cunha, o filho mais velho de Raphael, enveredara-se na carreira militar e viveu muitos anos no Rio de Janeiro. Retornou ao Sul como tenente da Guarda Nacional em 1907, ano em que o pai associou-se à Livraria Americana. Sua vida, então, toma outro caminho. Torna-se professor de português e matemática do Colégio Militar de Porto Alegre e se casa com Deléia, uma educadora de Taquara.

Marina, a mais velha das moças, destaca-se como aluna da Escola Complementar. De tão estudiosa, vence o concurso estadual cujo prêmio é um estágio no Instituto Nacional de Señoritas, de Montevidéu, onde irá aperfeiçoar os estudos de Anatomia, Fisiologia e Higiene, Física, Caligrafia, Desenho e Pedagogia, essenciais para uma boa carreira de professora, que pretende seguir.

Como mentora de Dallila para o aprendizado literário, antes de viajar Marina elabora uma lista de livros que a irmã caçula deve ler para se instruir, na qual figuram José de Alencar – *O Guarani, Iracema, Lucíola, Senhora* –, os poetas românticos, como Castro Alves, Álvares de Azevedo, Casemiro de Abreu e Gonçalves Dias. Recomenda Machado de Assis em pequenas doses – *Helena, Dom Casmurro, Memórias póstumas de Brás Cubas* –, inclui os portugueses, mas mantém os franceses longe do alcance da menina. Explica que esses romances são ambientados em outro tipo de sociedade, onde as mulheres têm mais liberdade e são mais expansivas.

– Além disso, em geral, são mais espertas que os homens, e isso pode criar alguma confusão na tua cabecinha.

Quando regressa, Marina é nomeada para dar aulas no Colégio Félix da Cunha, em Pelotas. Sua obsessão exclusiva pelo magistério a faz pular a ordem de natural dos casamentos entre as filhas de Raphael. A primazia cabe a Inah. Aos 18 anos, ela desposa o jovem tenente Alcides de Souza Ramos, em uma cerimônia que enche os olhos e acelera o coração de Dallila, então com 13 anos.

Um ano depois, é a vez de Clara contrair núpcias com o jovem Adroaldo, filho de um rico capitalista do ramo imobiliário. Assim, Dallila ficará sozinha em casa com os pais idosos, mas não por muito tempo. O casamento de Clara não vinga. Em poucas semanas, ela bate à porta do sobrado da Demétrio Ribeiro trazendo seu enxoval acondicionado em três malas. O que aconteceu, Dallila só saberá muitos anos mais tarde, pois as razões que levaram ao fracasso do matrimônio são conversadas a portas fechadas entre a noiva frustrada e os progenitores, nas quais transparece os gritos inconformados do pai Raphael e o choro da mãe Carolina. Por fim, fica decidido que Clara passará uma temporada com Marina em Pelotas, até que a vergonha familiar seja assimilada.

A o final da tarde de 15 de julho de 1915, Eduardo e mais três colegas do Grêmio Estudantil deixam o prédio da Faculdade Livre de Direito, onde funciona a Escola do Comércio, e rumam apressados até a Praça da Alfândega possuídos por uma espécie de excitação cívica. Participarão de um *meeting* em protesto à candidatura do marechal Hermes da Fonseca ao Senado pelo Rio Grande do Sul.

Chegam a tempo de ouvir os últimos oradores desancarem o ex-presidente e atribuírem ao senador Pinheiro Machado a culpa pela iniciativa de lançar a sua candidatura, com apoio do líder Borges de Medeiros.

Mais de duas mil pessoas participam do ato organizado pelo Comitê Central Acadêmico. São estudantes, federalistas e até simpatizantes do Partido Republicano, que preferem a indicação do médico Ramiro Barcelos à do marechal Hermes. A um canto da praça, junto ao fim da linha dos bondes, uma guarnição de cavalarianos da Força Policial se acha de prontidão para qualquer eventualidade.

Eduardo assiste a tudo extasiado. Arvora-se um ferrenho opositor do borgismo. Desde o episódio em que brigou com um colega para defender os jesuítas portugueses ele adquiriu ódio dos republicanos, e o exerce falando mal de figuras como Borges de Medeiros e Pinheiro Machado, mesmo contra os conselhos do pai: "Temos que ficar de bem com os homens do governo".

O ato dissipa-se por volta das sete e meia da noite, e os participantes espalham-se pelo entorno da praça em clima de galhofa, misturando-se ao movimento dos que saem do trabalho e dos que se dirigem aos cinemas e cafés. Longe da vigilância do pai, anônimo na multidão de iguais, Eduardo se solta.

– Fora o marechal Dudu! – ele grita com os manifestantes, referindo-se ao apelido do marechal, *Dudu da urucubaca*, por ter fama de azarento.

– Morra o caudilho! Viva Ramiro Barcelos! Viva Silveira Martins!

Eduardo e seus colegas da Escola do Comércio seguem um bando liderado pelo reclamista Arnaldo Rocha, o Rochinha, pelo leito da Rua da Praia. À altura do Café Colombo, encontram uma patrulha de oito praças da Brigada Militar. O capitão que comanda o grupo vai até eles e ordena que se dispersem.

– O direito de se manifestar é livre! – reivindica Rochinha.

– É livre desde que seja dentro da ordem e do respeito! Vocês estão ofendendo as autoridades. A continuar assim, serão presos por desacato.

Eduardo toma a frente.

– Ah, é? E quem vai nos prender?

Nisso, ouve-se um estampido, ninguém sabe de onde, seguido de uma correria. Os praças imediatamente colocam a mão em seus coldres. Forma-se um vácuo entre os policiais e os manifestantes no quadrilátero formado entre o Café Colombo, a Livraria Americana, o Restaurante Vienna e a Confeitaria Central. Os populares formam uma barreira compacta na boca da Rua da Praia e provocam os soldados, com ameaças e xingamentos. Eduardo é um dos mais exaltados:

– Abaixo Borges de Medeiros! Morra a Brigada!

Dos lados da Companhia Carris, ouve-se o ruído esfuziante dos cascos martelando as pedras do calçamento. A força montada surge a galope com suas espadas desembainhadas. Diante da trincheira humana, a cavalaria estanca, à ordem do comandante. Seguem-se alguns instantes de suspense. Lentamente, a força policial se dirige aos manifestantes com o intuito de fazê-los debandar. Estes reagem com insultos. Em meio à gritaria, um disparo atinge a cabeça do soldado Alcides Dorneles, que desaba de sua montaria. Imediatamente, os soldados empunham seus fuzis. Segue-se um feroz tiroteio e os corpos vão tombando ao chão.

Perseguidos pelos soldados, Eduardo e seu grupo correm através da Rua da Praia, desviando dos automóveis, em meio a uma confusão de gritos e tiros. A poucos metros, o estudante de Medicina Josino Chaves cai, alvejado com um tiro no abdômen. Eduardo para diante da joalheria, que já está fechada, mas seus amigos continuam a correria. Procura a chave no bolso, porém, com a mão trêmula, não consegue colocá-la na fechadura. Do outro lado da rua, um soldado grita para ele com a arma em punho.

– Ladrão! Mãos ao alto! Aproveitando a confusão para roubar, hein?

O jovem ergue os braços.

– Não! Esta loja é do meu pai...

– Calado! Não se mexa! A vontade que eu tenho é de te dar um tiro – grita o soldado e aponta a pistola.

Eduardo não sabe se ele vai atirar ou não, nem ficará sabendo. Ao atravessar a rua, o praça é colhido por um automóvel em alta velocidade. O corpo é arrastado por vários metros até ser jogado ao chão, inerte. Assombrado com o que viu, desiste de se refugiar na joalheria. Caminha alguns metros e encontra abrigo na escuridão do chamado *beco do mijo*, um vão escuro em plena Rua da Praia onde os boêmios costumam desafogar a cerveja consumida nos bares próximos. Ali, permanece encolhido por cerca de uma hora aspirando o cheiro ácido de urina, até cessarem os tiros e as perseguições.

Sai à rua cauteloso e enxerga alguns soldados assustados fazendo a ronda. Um deles lhe aponta a espingarda. Eduardo responde com um gesto de paz e se afasta a passos lentos para longe dali.

No dia seguinte, os jornais informam que os incidentes resultaram em nove mortos, sendo dois soldados; um deles, justamente aquele que lhe apontou a arma. Por muitas noites, Eduardo terá pesadelos com um soldado atropelado por um automóvel em alta velocidade. De tudo o que passou, guarda uma ideia fixa: precisa comprar um revólver.

Osvaldo Jentzsch, sócio de Raphael Vieira da Cunha, assume a presidência da Sociedade Carnavalesca Esmeralda, da qual João Pereira da Costa é tesoureiro. É essa circunstância festiva que vai aproximar Dallila e Eduardo. Ela anseia pelo seu primeiro Carnaval e quer participar de tudo. Na reunião das *senhorinhas*, prontificou-se a ficar de plantão na Livraria Americana para vender convites para o grande baile marcado para 7 de fevereiro de 1917, o primeiro de sua vida.

Eduardo aparece ao final de uma tarde quente para adquirir o seu ingresso, quando Dallila já está encerrando as vendas do dia.

– Ainda tem convite?

A jovem aponta para o relógio de parede.

– O guichê fechou às seis. Só amanhã, e acho bom vir cedo, pois os ingressos estão quase esgotados.

– Vende para mim.

– Não posso.

– Abre uma exceção, vai.

A jovem fica pensativa. O rapaz insiste.

– Se me vender, prometo que te convido para uma dança – Eduardo insiste com um gesto galanteador.

– Quem disse que eu quero dançar contigo?

– Teu sorriso tá dizendo.

– Convencido!

Aficionado da Esmeralda, Nicolau Rocco move céus e terras para que o principal baile de Carnaval da sociedade se realize na sua confeitaria, localizada junto à Praça do Portão, que antigamente demarcava o limite da Vila de Porto Alegre. O *giramondo* italiano trabalhara na célebre casa de doces El Molino, em Buenos Aires, antes de radicar-se na capital gaúcha. Com a experiência adquirida, criou seu próprio estabelecimento, a Confeitaria Sul-America, com a qual alcançou fama e prosperidade.

Ao ingressar na segunda década do século 20, Rocco entusiasmou-se com a profusão de prédios monumentais que se erguiam na cidade e decidiu que também teria o seu palácio. Na esquina das ruas Doutor Flores e Riachuelo, encomendou ao arquiteto Manoel Itaquy a construção de um majestoso edifício de quatro pavimentos, em tijolos de barro e estruturas de aço. No subsolo do salão principal, destinado a recepções, bailes e banquetes, instalou sua fábrica de doces, que imediatamente conquistou a gula dos porto-alegrenses. No último andar, o amplo terraço oferecia um espaço inigualável de contemplação da cidade.

No sábado de Carnaval, as proximidades da Praça do Portão estão repletas de automóveis e carruagens de todos os tamanhos, brigando por espaço nas ruas estreitas do entorno para que seus passageiros possam descer com algum conforto. Do salão principal da Confeitaria Rocco já se escutam os acordes animados das duas orquestras musicais contratadas pela Esmeralda.

Na condição de tesoureiro da sociedade, José Pereira da Costa é recebido efusivamente pelo autointitulado capitão Rocco, que tem sua atenção capturada pelos fogos de artifício, que anunciam a chegada da rainha da Esmeralda deste ano, a senhorita Marietta Franco. Sobre ela, chovem confetes e pétalas de rosa. Quando ela adentra o salão, os músicos começam a executar o *Hymno da Esmeralda*, que os presentes acompanham com palmas ritmadas.

José e a família ocupam uma mesa bem posicionada em relação ao palco e são brindados com uma garrafa de *champagne* ofertada pelo anfitrião. Ali, irão assistir às atrações que precedem o grande baile. Escaladas para abrir os festejos, as Floristas Esmeraldinas apresentam seu número portando pequenos açafates contendo flores coloridas.

Eduardo enxerga Pepito, afasta-se da mesa familiar e vai em sua direção. Como cumprimento, recebe uma lufada de lança-perfume.

– Que agitação é essa? – o amigo pergunta.

– Estou à procura da guria dos ingressos.

– Aquela menina? – Pepito ri. – É engraçadinha, não vou negar, mas muito nova. Tanta moça crescida dando sopa...

Após as Floristas, surge no palco o bloco Configurações. Para surpresa geral, sua temática se inspira na guerra da Europa. Durante sua apresentação de uma hora, jovens vestem trajes típicos da Grã-Bretanha, França, Rússia e Alemanha e mostram danças características dessas nações. Uma onda de constrangimento apodera-se do salão. Os velhos esmeraldinos olham-se como a perguntar quem teve essa infeliz ideia, levando em conta a brutalidade do conflito, estampada diariamente pelos jornais em fotos chocantes, e os prejuízos que a guerra provoca à economia gaúcha. Quando se encerra a apresentação, os aplausos se revelam de puro alívio.

Dallila passou a tarde ensaiando com as mocinhas do bloco Filhas de Cartago, que, como ela, estreiam na vida social adulta. Ao anúncio do apresentador, elas aparecem enfileiradas, ostentando trajes beges de cetim brilhante e maquiagem que as transforma em adultas, contrastante com os sorrisos encabulados e ainda infantis. Ao som da orquestra, elas cantam e dançam polcas e marchinhas conhecidas, irradiando simpatia. Ao se despedirem, cantam o *Hymno Esmeraldino*:

– *Nós somos esmeraldinas*
De coração até morrer

Conquistando palmas, louros
Sempre haveremos de vencer.

– É ela! – Eduardo grita, com o coração aos pulos.
– Quem?
– A moça dos ingressos.
A cantoria das jovens prossegue:
– Não conhecemos fraqueza
Tampouco vacilações
Pela nossa nobre causa
Damos mesmo os corações.

Na hora do refrão, todos os presentes entoam a uma só voz:
– Avante, pois, mocidade
Contempla essa Esmeralda
Que garbosa e galharda
Teu estandarte desfralda.

Eduardo não tira os olhos maravilhados da graciosa moçoila, que se destaca das outras por sua graça e empolgação.
– Empunhando esse estandarte
envolto sempre na glória
Marchemos desassombradas
Na conquista da vitória.

O número das noviças é o mais aplaudido entre os três que precedem o grande baile. Elas agradecem os aplausos com mesuras, e Dallila se dirige à mesa onde estão os pais e a irmã Inah, acompanhada do marido. No caminho, Eduardo a intercepta.
– Me deves uma dança.
A jovem abre um sorriso irresistível.
– Tu é que me deves.
– Primeiro, quero saber teu nome.

– Dallila. E o teu?
– Sansão.
Ela ri.
– Eduardo, na verdade.
– Gostou do nosso número?
– O melhor de todos, sem sombra de dúvida.
– Mentiroso!
– Juro por Deus. E a dança?

A orquestra capricha em uma *polonaise* animada e o salão principal da Confeitaria Rocco é inundado por uma alegria contagiante. Os foliões tomam conta da pista sob tiras de serpentina e precipitações de confetes. O cheiro de éter dos lança-perfumes confunde-se com o perfume importado. O jovem tenta impressionar Dallila com caricaturas de danças e consegue arrancar dela boas risadas.

– Está muito abafado. Vamos tomar um ar – propõe o rapaz.

Ela titubeia por alguns instantes. Vai até a mesa da família, diz alguma coisa e aponta para Eduardo, que faz um cumprimento com a cabeça.

– Cinco minutos – ela diz.

Os dois saem. O movimento ainda é grande. Atravessam a rua e sentam-se em um banco da Praça do Portão. Ela aponta para o prédio da confeitaria.

– Sabe o que significam aquelas estátuas? – ela mostra os quatro atlantes que enfeitam o prédio, cada um com um braço sustentando a sacada do segundo andar e o outro segurando uma cesta de frutas.

Eduardo sacode a cabeça para os lados, um tanto envergonhado.

– Aqueles mais jovens representam a América e a fartura. Os homens mais velhos, a Europa e a abundância. Lá em cima, tá vendo, aquela figura feminina no meio de uma moldura de lira, com as duas estátuas de crianças dos lados. Representa a luz, a arte e a esperança.

– Como é que tu sabes dessas coisas?

– Porque sou curiosa. Tudo me interessa. Leio o que me cai às mãos. Gosta de ler?

– Prefiro o cinema.

– Pois eu quero saber cada vez mais para ensinar meus alunos quando for professora.

– Professora?

– Que nem a minha irmã mais velha. E tu?

– Eu vou me formar este ano na Escola do Comércio e depois assumir a loja do meu pai. A joalheria A Esmeralda, conheces?

– Claro, quem não conhece? Tem muita coisa bonita lá. Muito *chic*.

– Pois é, quando assumir eu pretendo...

– Não quero te interromper, mas já deu os cinco minutos.

– Só mais um pouquinho.

– Não posso desobedecer meus pais.

Eduardo e Dallila passam o resto da noite trocando olhares. Às vezes, dançam alguma música, mas ela logo volta para a mesa dos pais. À meia-noite, o velho Raphael decide que é hora de irem embora. A filha foge rapidamente em direção ao rapaz. Ele segura suas mãos.

– Quando eu te vejo de novo? – pergunta.

– Daqui a duas semanas recomeçam minhas aulas na Escola Complementar. Saio sempre ao meio-dia.

– Eu te procuro.

– Vou te esperar.

Diz isso e se afasta com um abaninho.

Os dois passam a se ver quase diariamente. Eduardo a espera à saída da escola e a acompanha até a casa. Despedem-se no portão e ele precisa correr para as aulas na Escola do Comércio, à tarde. Em dois meses, finalmente obtêm a permissão dos pais dela para passearem aos sábados no Centro da cidade, nas sessões vespertinas do Cine Guarany, onde trocam as primeiras carícias.

Eduardo sente ímpetos de impressioná-la contando seus feitos esportivos e suas ideias para modernizar os negócios da família. Dallila reage a tudo com tiradas divertidas e desconcertantes. Certo dia, relata a situação de aperto que vivenciou na noite do comício que redundou em nove mortes. Conta tudo com os mínimos detalhes e revela que, após aquele dia, comprou um revólver.

– Quer ver? – enfia a mão dentro do casaco, mas ela segura seu braço, nervosa.

– Não quero e, por favor, não traga quando vier me encontrar. Tenho pavor de arma.

Dallila torna-se mocinha sob a égide do positivismo, que transcende os aspectos da política governamental e invade as casas, para ditar posturas e comportamentos. Aprende que a mulher deve ser a rainha do lar e o anjo tutelar da família. Sua educação será orientada para a obediência irrestrita ao pai e, quando se casar, ao marido. Aprende que toda a sua vida se realizará no ambiente do lar. Só sairá de casa para frequentar outros locais por determinação do pai ou do marido e na companhia de um deles.

Em setembro, Marina e Clara estão em Porto Alegre para o aniversário de Dallila no casarão dos Vieira da Cunha. Eduardo chega acompanhado do amigo Pepito Cuervo e é apresentado às irmãs da namorada.

– Que acharam? – Dallila pergunta, ansiosa.

– Rapaz distinto – avalia Marina.

– Bonito o rapaz. Não é muito mandão?

De longe, Pepito mantém os olhos encantados em Dallila.

– Como cresceu! – diz, girando as mãos à altura do tórax.

– Mais respeito com a minha noiva – Eduardo retruca, forçando um tom de brincadeira.

– Vou te dizer uma coisa. Casa de uma vez antes que algum aventureiro apareça. Vai por mim.

Ao final do ano, a festa de formatura da Escola do Comércio ocupa uma mesa dupla no terceiro andar do Café Colombo. Entre os jovens, se encontra o professor Sinval de Souza, paraninfo da turma, que arranca gargalhadas dos alunos com suas tiradas irreverentes.

O presidente do Grêmio Estudantil, José Manganelli, propõe um brinde:

– Quero anunciar aos antigos camaradas de curso, agora colegas de profissão, que temos outro motivo para comemorar. Conta pra eles, Eduardo!

– Quero anunciar que estou noivo e em breve vocês receberão um convite para o meu casamento.

Os jovens batem os copos.

– E quem seria a felizarda? – alguém pergunta.

Eduardo olha para Manganelli para que este faça a revelação.

– Nosso amigo Costinha está noivo da filha do doutor Raphael Cunha, da Livraria Americana.

– Qual delas? – alguém pergunta.

– A mais nova, Dallila.

– Mas é uma menina!

– Já está bem crescidinha – retruca Manganelli, com alguma malícia, que não passa despercebida de Eduardo.

A novidade é saudada com exclamações de admiração.

– Parabéns. Estás casando com a moça mais bonita da cidade – diz o aluno Nelson Cardia.

Eduardo abre um sorriso de orgulho.

– Felizardo! – grita um.

– Vou me permitir discordar – retruca o professor Sinval, já um tanto embriagado. – Lamento, prezado Costinha, mas uma vida árdua o espera. Ouve a voz da sabedoria: casar com mulher bonita é uma sina. O marido da mulher bonita é um ser inquieto, nervoso, sempre malcriado, desconfiado, espreita tudo, teme chegar em casa e ter uma surpresa desagradável.

Os formandos riem.

– Melhor, então, seria casar com uma mulher feia? – alguém brinca.

– É lógico. Vejam o meu caso. Todo santo dia volto para casa tranquilo, na certeza de que encontrarei uma esposa sempre atenciosa me esperando com um bom jantar.

– A sua esposa não é tão feia assim – diz um dos alunos.

O professor Sinval reage com uma careta divertida.

– Grato. Se as notas já não estivessem publicadas, te daria mais meio ponto. Minha mulher é uma santa criatura, mas não foi contemplada pelos deuses com os encantos de outros espécimes. Ela não se importa, nem eu. Como a mulher feia não tem caprichos, nem vaidades, sobra mais tempo para cuidar das coisas da casa e do marido. Por isso, querido Costinha, aproveita o que a sorte lhe reservou, mas não descuides.

Eduardo começa a se incomodar com a insistência naquele assunto. Pepito nota e interrompe a conversa.

– Um brinde à felicidade do Costa!
Todos erguem as taças. O colega Elygio Josende arrisca uma piada:
– E que esta Dallila não lhe corte os cabelos!
Nelson Cardia acrescenta:
– Mantenha as tesouras longe dela, Sansão!
Os amigos riem e batem suas taças, mas Eduardo ergue-se da cadeira de forma brusca.
– O que estás a dizer? – vocifera.
– Calma, é apenas uma brincadeira.
– De muito mau gosto, por sinal.

A ideia do casamento não teve fácil assimilação por parte das famílias. O pai do noivo temia que a impulsividade de Eduardo não estivesse ainda amaciada para assumir maiores responsabilidades, embora reconhecesse uma significativa melhora em seu comportamento após ingressar no mundo dos esportes. Ainda assim, João ainda se pergunta: estaria o filho preparado para assumir uma relação complexa, cheia de nuances, como o casamento, um exercício cotidiano de compreensão, tolerância e bom senso?

As preocupações do pai da noiva são de outra ordem. Dallila é uma moça afável, bondosa, porém um tanto distraída em relação às coisas do mundo dos adultos. Raphael teme que o rápido desenvolvimento de seu corpo, de menina graciosa a mulher exuberante, não seja acompanhado por uma correspondente mudança de postura. Raphael não quer que se repita com a caçula o drama da filha Clara, que se casou cedo demais e de imediato veio o arrependimento.

Outra vez, José enfrenta a contingência de tratar com um filho noivo sobre as vicissitudes do casamento, uma conversa já decorada que inicia nas questões práticas da vida a dois e culmina com as constrangedoras peculiaridades da vida íntima dos casais. Com José Protásio, a conversa não chegou a essa fase, pois o primogênito de pronto retrucou que já sabia muito bem aonde o pai queria chegar.

O mesmo se repete com Eduardo. Quando José tenta direcionar o assunto para a alcova, o rapaz o interrompe com alguma malícia:

– Papai, já ouviste falar no Club Marly?

Incrustado na esquina da Rua da Ponte com o Beco do Fanha, o Club Marly é o endereço onde a maioria dos jovens na idade que precede as grandes responsabilidades usufrui suas primeiras experiências com o sexo oposto, nos quartos dos fundos do imenso salão, entre gargalhadas feéricas, brigas de bêbados e cançonetas obscenas. Com Eduardo não foi diferente.

De qualquer forma, José sente-se na obrigação de cumprir seu papel de pai e presenteia o filho com o volume *Segredos do casamento*, da coleção *Bibliotheca Scientífica*, a qual reúne trabalhos psicológicos do famoso professor Kauffmann. O livro dá orientações fartamente ilustradas sobre temas como arte de amar, corpo masculino, corpo feminino, segredos do leito conjugal, a noite do casamento, mistério da voluptuosidade e prazer sensual. Além do livro, José insiste que Eduardo assista à palestra do professor Alfredo Albuquerque Junior com o título *O coração da mulher*, destinada a rapazes de casamento marcado.

– Não custa nada gastar uma hora ou duas ouvindo um especialista sobre essas coisas complicadas dos relacionamentos – disse o pai para convencê-lo.

Contrariado, dirige-se ao salão da Associação dos Empregados no Comércio, no segundo andar da Livraria Americana, para ouvir o cientista. O professor Alfredo é um homem magro, de olheiras profundas e voz treinada para conquistar plateias. Ao soar a sineta, rigorosamente na hora marcada, escreve no quadro a frase: *"Merecerá a mulher que o homem se ocupe tanto com ela?"*

Começa a falar, olhando para cima e não para os assistentes, como se estivesse conversando com os deuses.

– O ponto de partida para o sucesso da relação conjugal é esta frase que acabo de escrever: merecerá a mulher que o homem se ocupe tanto com ela? Esta é uma interrogação que jamais poderá ter uma resposta lógica, indestrutível, mas que perdurará eternamente, pois o ente frágil é forte na astúcia e no mistério.

Eduardo mostra-se francamente entediado e a todo momento consulta o relógio que traz no bolso do colete. O professor discorre um largo tempo sobre a luta entre a razão e o sentimento que perpassa a existência humana.

– Por isso, talvez, é que o cérebro humano não tem, muitas vezes, poder para vencer o coração. O cérebro pensa e não age, reflexiona e fica na inação. Da mesma forma que o vento impele as asas dos moinhos, as dores, o ciúme, o ódio e a ideia de vingança fazem trabalhar a imaginação doentia. Surgem então as enfermidades morais. E, se para as enfermidades físicas são recursos a botânica e a mineralogia, para as morais só uma força de vontade extraordinária produz resultados satisfatórios.

Aos poucos, a atenção do rapaz é conquistada pelas palavras do palestrante, que vão encontrar paralelos em situações de sua vida.

– Essa força de vontade é a luta contra o sofrimento – alerta o professor Alfredo. – A luta moral é mais terrível ainda do que aquela que se expõe o peito às balas do inimigo na disputa pela glória do triunfo. Entretanto, bem poucos sabem compreender a nobreza dos dilemas da alma e se deixam abater covardemente.

O professor retorna ao quadro-negro.

– Voltando à pergunta: merecerá a mulher que o homem se ocupe tanto com ela? Deve-se em primeiro lugar saber se se trata de uma Dallila, que traiu Sansão – Eduardo leva um choque. A simples menção do nome da noiva lhe provoca um arrepio –, ou de uma Felipa de Vilhena, que mandou os filhos para a guerra e ordenou que só retornassem com honra.

O jovem sente-se incômodo na cadeira. Olha em volta para ver se há algum conhecido que saiba o nome de sua noiva. Não reconhece ninguém e se sente mais aliviado.

– Se é uma Judith, que decapitou o tirano Holofernes, ou Anita Garibaldi, símbolo de coragem. Porque, se for uma Dallila, trairá o amante. Se for Judith, o matará. Se for Felipa, seus filhos serão heróis. Se for audaciosa como Anita, dela orgulhar-se-á o esposo e, admirando os exemplos de valor dados pela mulher, a coragem não o abandonará nunca. Enquanto a infidelidade deve se contentar com a gélida indiferença e o desprezo moral, a dedicação, a bondade e a virtude da mulher merecem do homem a estima e o sacrifício. Capaz de amargar o fel de todas as contrariedades, somente pelo amor é sublime a companheira do homem. Quando, porém, a beleza plástica e a vaidade exacerbada substituem a formosura da alma, seu coração e seu caráter aviltam-se e descem tanto que não é raro vê-la cercada de desprezo.

As palavras do professor ecoam pelo salão, ferindo o profundo silêncio da plateia.

– Assim, meus amigos, antes de darem o passo decisivo em suas vidas, dediquem-se a conhecer a fundo quem estará ao seu lado, na longa travessia de suas vidas, perscrutem suas vontades e decifrem seus sentimentos, como se estivessem diante de uma *sphynge*, pois só assim poderão usufruir da plenitude, sem percalços e sobressaltos.

Os noivos dirigem-se ao conferencista para cumprimentá-lo. Quando chega a vez de Eduardo, o professor lhe pergunta:

– E então, meu jovem? Ajudei em alguma coisa?

– Ajudou muito, basta dizer que minha noiva chama-se Dallila – conta, em tom de blague, no qual transparece uma ponta de nervosismo que não escapa à percepção do professor.

– Um nome não condiciona o destino, meu jovem. São apenas personagens de histórias transformadas em símbolos de comportamentos. Às vezes, na vida real, uma Dallila é uma Judith ou uma Felipa, e vice-versa.

Quando o rapaz se afasta, ouve o palestrante dizer:

– Porém, às vezes, uma Dallila é uma Dallila.

Surpreso, vira-se e vê um sorriso malicioso nos lábios do professor.

– É só uma piada. Não se deixe impressionar.

Carolina não é novata na tarefa da orientar as filhas sobre as vicissitudes do casamento. Deu certo com Inah, como é visível na harmonia carinhosa de sua relação com o marido. Com Clara, não. Seu casamento durou poucas semanas por uma incompatibilidade entre ela e o marido nos aspectos mais recônditos da intimidade conjugal. Carolina atribui o fracasso do casamento ao gênio extravagante da filha e não a alguma imperícia de sua parte no tratamento dessas questões.

Assim, sente-se apta a orientar a filha mais nova. A conversa dá-se em um clima cerimonioso.

– Sabe, minha filha, eu e teu pai estamos casados há 36 anos e somos muito felizes.

– Sou testemunha, mamãe.

– Somos felizes porque sabemos muito bem o que cada um de nós deve fazer. O que se espera de uma mulher é que ela cumpra o seu papel de esposa amorosa e mãe dedicada.

– É o mesmo que se espera dos homens, não? – a filha alfineta.

– Sim, mas os homens têm outras tarefas relacionadas ao sustento da família e aos negócios, o que implica em situações que geram aborrecimento. Nem sempre podemos esperar que ele chegue em casa de bom humor e leveza de espírito. Esses momentos exigem da esposa uma dose de sacrifícios em favor de um bem maior que é a harmonia do lar. Não pense que para mim foi fácil lidar com o teu pai em circunstâncias nas quais as coisas não iam bem.

A filha escuta com algum enfado.

– Mantenha as coisas da casa em ordem para que ele se sinta bem quando regressar. Não o aborreça com assuntos comezinhos, evite as discussões, e quando elas forem inevitáveis, deixe que a última palavra seja dele, mesmo quando não estiver com a razão. O homem gosta de pensar que sabe mais do que a mulher, caso contrário ficará inseguro, e isso vai se refletir em tudo, no casamento, nos negócios, na vida social.

Dallila deseja que a conversa termine de uma vez.

– Outra coisa: em breve serás uma mulher casada, e isso muda tudo. Exige um recato maior, um comportamento mais reservado. Por exemplo, não fica bem conversar com outros homens ou frequentar lugares desacompanhada. À mulher casada não basta *ser* honesta, precisa *parecer* honesta. Não faças nada que dê uma impressão errada do teu caráter ou da educação que recebeu em casa. Agindo assim, as coisas darão certo.

Os conselhos direcionados à submissão persistem até que Carolina chega às questões mais delicadas. Fala sobre sexo com algumas meias palavras constrangidas.

– Na noite de núpcias, deixa que ele tome a iniciativa. Seu noivo é homem e, de certo, saberá como agir. Obedece o que ele pedir. Acima de tudo, mantém o pudor.

Carolina levanta-se e dá um longo abraço na filha.

Dallila sempre quis saber o que realmente aconteceu para que Clara se separasse do marido poucos dias depois do casamento. Ao mesmo tempo julgava que o silêncio em torno do assunto o mantinha em um espaço inexpugnável. Assim, a curiosidade deu lugar aos mais variados devaneios, todos associados à lubricidade, nos quais a irmã salientava-se como um ser pecaminoso.

Ao se aproximar de seu próprio matrimônio, arvora-se no direito, finalmente, de saber da desventura da irmã. Na véspera do casamento, Marina e Clara chegam ao casarão da Demétrio Ribeiro para os festejos. Passado o momento dos cumprimentos amorosos, Dallila aproveita a distração de Marina e chama Clara ao seu quarto.

– Não caso sem saber o que houve contigo e o Adalberto.

Clara arma uma expressão de surpresa, que logo readquire um tom divertido.

– Águas passadas.

– Me conta.

– Já tiveste *aquela conversa* com mamãe?

– Já – Dallila mantém os olhos ansiosos na irmã.

– Na noite de núpcias, eu tinha uma expectativa enorme que chegasse *aquele momento*. Foi um fracasso completo, não vou entrar em detalhes. Esperava, na minha primeira relação, um amante pacencioso, cálido, comprometido em tornar aquilo um momento especial para os dois, mas Adalberto portou-se como um funcionário público de repartição.

– Talvez estivesse nervoso?

– Pensei nisso, mas a mesma postura autômata e indiferente repetiu-se nas noites seguintes. O que eu podia fazer? Tornar-me uma *Madame Bovary*? Já leste?

– Ainda não.

– Dei-me conta de que não seria feliz com Adalberto e resolvi cortar o mal pela raiz.

– E o amor?

Clara ri.

– Esvaiu-se não sei para onde.

Dallila está entristecida. Clara acaricia o rosto dela.

– Não fiques assim. Sou uma mulher livre e feliz, na medida do possível. Tenho alguns namorados eventuais e tenho aprendido muitas coisinhas interessantes – Clara imprime um tom de malícia nas últimas palavras. – Se quiser, posso te ensinar.

Dallila enrubesce. Clara toma a iniciativa.

– Pensa da seguinte forma: a mamãe é um anjinho e eu serei uma diabinha. Temperando as duas conversas, vais moldar a tua posição nesse casamento. Vai ali e fecha a porta, que nós temos muito a conversar.

FIM DA LINHA

No sábado, dia 18 de maio de 1918, Eduardo Pereira da Costa e Dallila Vieira da Cunha postam-se diante do cônego Nicolau Marx, na Igreja da Matriz, trocam alianças, sorrisos e um beijo ardente que não deixa dúvidas quanto à paixão que nutrem um pelo outro. Juram amor eterno na presença de uma distinta plateia composta de ilustres representantes dos mundos dos negócios e das artes. À cerimônia religiosa, seguiu-se uma animada celebração nos salões da Confeitaria Rocco.

Diante da penteadeira, a noiva escova os cabelos com indolência. Quando o marido entra no quarto após o banho, vira-se para ele. Tem o *pegnoir* aberto, deixando à mostra o par de seios redondos e firmes, com os bicos rosados salientes, e o tufo de pelos levemente dourados. Ergue-se e caminha lentamente em sua direção um tanto trêmula, deixando que o *pegnoir* deslize suavemente por seu corpo até o chão. Eduardo está fascinado. É a primeira vez que a enxerga despida. Dallila o abraça e deposita um longo beijo em sua boca. Ele tenta conduzi-la até a cama. Ela resiste. Desabotoa lentamente a camisa do pijama de seda do marido e o retira pelos ombros, sem deixar de encará-lo. Após, desamarra o nó da calça e, agachando-se diante dele, a retira até os pés.

Eduardo tenta novamente puxá-la para a cama, mas Dallila se mantém firme. Segura o rosto do marido e o aproxima de seus seios, vira-se e esfrega suas nádegas em seu membro intumescido, em uma dança sensual. Volta-se para ele, segura a sua mão e a conduz ao meio de suas pernas. Eduardo aperta o tufo de pelos. Ela o censura com um olhar fingido que o confunde, pois imagina que a iniciativa deve partir dele. Segura-a pelos ombros e a joga na cama. Ele atira-se sobre ela e tenta colocar seu membro entre suas pernas, de uma forma estabanada, mas não consegue. Dallila ri da afobação do marido e murmura em seu ouvido:

– O mundo não vai terminar agora. Seja mais gentil.

Com um movimento de quadris, ela se posiciona para facilitar o encaixe. Finalmente, ele a penetra, arrancando-lhe um grito de dor, e começa a se sacudir sobre ela, descontrolado e ofegante. Dallila consegue imobilizá-lo com um movimento de pernas. Depois, gira seu corpo até se colocar sobre ele. Ergue o torso e senta-se sobre o marido. Começa a mover os quadris, de forma que seu púbis fique em atrito com o dele. Segura suas mãos e o faz alisar suas nádegas e seus seios. Eduardo sente um leve incômodo ante o conjunto de iniciativas da esposa, que, a esta altura, comanda o jogo sensual entre os dois. O rosto dela assume uma fisionomia extasiante, à medida que os movimentos adquirem intensidade. Ele decide retomar as rédeas do jogo. Gira o corpo até ficar novamente sobre ela e passa a fustigá-la com energia, até que ambos se desmancham em vigoroso e uníssono gemido.

Dallila e Eduardo instalam seu lar em um amplo sobrado da Rua Demétrio Ribeiro, a duas quadras da casa dos pais dela. A sala é mobiliada com móveis de mogno, cadeiras de laque, tapetes importados, estofados de primeira e cortinas de linho. No quarto, desfrutam sua intimidade em uma cama de peroba forrada de colchão de penas de ganso, diante de um espelho de cristal francês com moldura dourada.

A postura quase libertina de Dallila no leito conjugal produz no marido sentimentos conflituosos de prazer extremo e uma espécie de embaraço. De dia, ela é uma esposa afetuosa, infantil em seu comportamento perante as coisas do cotidiano. À noite, transforma-se em uma amante empoderada e exigente, sugerindo jogos e movimentos que lhe exaurem as energias. Após as primeiras noites voluptuosas, Eduardo, sutilmente, começa a refrear as iniciativas eróticas dela, colocando suas relações íntimas em um patamar menos concupiscente, sem, contudo, perder a frequência dos encontros.

De manhã, Dallila cuida da casa, orienta a criada e lhe alcança dinheiro para as compras, espera o marido para o almoço e, à noitinha, para o jantar. Às quintas-feiras, vai ao Centro, acompanha da irmã Inah. Percorre as lojas e ao final da tarde passa na joalheria para roubar Eduardo do trabalho, ante o olhar complacente do velho José. Tomam um chá ou um gelado no Café Colombo e, após devolvê-lo ao trabalho, não deixa de passar na Livraria Americana para buscar um livro.

Agora é adulta e casada, portanto, já pode ler os romances franceses antes proibidos pela irmã mais velha. Comove-se às lagrimas com a desafortunada história de *Paul et Virginie*, criados como irmãos, que se apaixonam na adolescência e são brutalmente separados. Anos depois, a tentativa de se reencontrarem redunda em uma brutal tragédia. Quando Virginie retorna para o amado, o navio em que viaja é alcançado por uma tempestade. Ela recusa-se a tirar a roupa em frente dos marinheiros para jogar-se na água. Prefere ficar no navio e se afoga, sob os olhares impotentes de Paul, que dias depois morre de tristeza.

Dallila depara-se, então, com a história de Manon Lescaut, ardentemente apaixonada pelo cavalheiro des Grieux, mas casa-se com um rico financista, traída pela vaidade e pelo desejo de viver na riqueza e na abundância.

A seguir, lê com incontrolável excitação a história do *Templo de Jatab*, um lugar imaginário no qual as mulheres, como detalha o livro de Claude Godard d'Aucour, podem usufruir uma vida repleta de deleites normalmente negados no mundo real: *"Não são puras máquinas simplesmente feitas para nosso prazer. Jatab não priva estes admiráveis autômatos de todo o sentimento depois de sua morte, promete-lhes, como a nós, um Paraíso, onde sem cessar gozarão de tão vivos prazeres, como os que na vida lhe tiverem ministrado os mais amáveis homens a quem se tenham dado".*

Chega ao drama de Emma Bovary, a insatisfeita esposa de um pacato médico, que transforma suas fantasias em casos de infidelidade. A densidade do romance de Flaubert aprisiona sua atenção, a ponto de perder a hora do almoço ou do jantar. Em alguns momentos, acha Emma parecida com sua irmã Clara, às vezes, com ela mesma. Percebe que os livros acrescem outra dimensão para sua vida simples de dona de casa e aplaca a sutil perturbação que as histórias de volúpias, culpas e desgraças lhe causam confortada na certeza de que é uma mulher feliz, tem um marido apaixonado que a cerca de carinhos, flores e presentes, e não vê a hora de aumentar a família e tornar sua casa um lar tão alegre quanto o que teve na infância.

Eduardo já atua ao lado do pai na joalheria, preparando-se para substituí-lo definitivamente no comando dos negócios. José dá liberdade para que o filho tome iniciativas, cuide das encomendas e dos estoques e oriente os empregados.

Aos sábados à tarde, Eduardo dedica-se às atividades esportivas, que Dallila acompanha com entusiasmo. No final de outubro, integra o *team* de remo do Clube Almirante Tamandaré que vai disputar a Liga Náutica Rio-grandense. Será sua última competição, pois já avisou aos dirigentes que não terá mais tempo para treinar. Cedo da manhã, mais de dez mil pessoas se dirigem à praia da Rua Voluntários da Pátria e se acomodam entre os trapiches e garagens dos clubes náuticos, entre as quais se destaca a nova sede do

Tamandaré, desenhada pelo arquiteto alemão Theo Wiederspahn. O sol primaveril obriga as mulheres a portarem sombrinhas.

Dallila ocupa uma improvisada tribuna de honra, construída em madeira junto ao trapiche do Clube Almirante Barroso, ao lado do pai, que entregará os prêmios alusivos à prova "Livraria Americana", a última das seis previstas na competição, e justamente a que Eduardo irá competir. Os dois primeiros páreos são disputados por juvenis dos clubes e vencidos pelas guarnições do Barroso e do Vasco da Gama. Envergando o uniforme do Tamandaré, calções pretos e camiseta regata em listras horizontais verdes e brancas, o rapaz tenta passar entusiasmo aos seus companheiros de clube com gritos e gestos corporais. A todo instante volta-se para a tribuna, de onde a esposa lhe envia abanos e sorrisos.

O Tamandaré está sem sorte. Nas três provas seguintes, fica em segundo lugar. Assim, deverá vencer o páreo final para conquistar o campeonato. Eduardo ocupa seu lugar entre os cinco remadores do *out-rigger* Tapecoara. Da tribuna, Dallila o incentiva. Antes que acionasse o tiro de largada, o árbitro se dá conta de que desaparecera a balsa número 4, que delimita as raias por onde andarão os barcos.

Dallila estranha a demora para a largada e indaga aos que estão em volta sobre o que está acontecendo. Um rapaz explica que, devido à falta da boia, por três vezes o barco do Barroso se desalinhou e invadiu a raia do Club Pelotense, atrasando a largada. A bordo do Tapecoara, Eduardo enxerga a conversa da esposa com um desconhecido. O sangue lhe sobe à cabeça.

O árbitro finalmente dá a saída. O Tamandaré embola-se na busca do primeiro lugar com as guarnições do União, do Barroso e dos italianos do Canottieri. Eduardo imprime um ritmo às remadas que surpreende aos próprios companheiros. O timoneiro Antônio Ventura pede que ele se enquadre no padrão da equipe, mas é inútil. O rapaz está energizado pelo ciúme. Em sua mente, prevalece sobretudo a imagem de Dallila confabulando com um estranho. Em reação, imprime uma dosagem de fúria aos movimentos braçais e produz um descompasso em relação aos outros remadores.

O Tapecoara toma a frente com dois botes de diferença sobre o Alpha, do Club Pelotense. Ao se completarem os primeiros mil metros, o remo de Eduardo atinge em cheio o do colega atrás dele, partindo-o à altura da forqueta. Ao lado, o Club Pelotense se aproxima perigosamente. O timoneiro Ventura grita ao megafone:

– Vamos, vamos! Todos remando no ritmo do Costinha!

Eduardo rema por dois. Na reta final, o Tamandaré consegue suportar a pressão final do segundo colocado e vence a prova com um quarto de bote.

O timoneiro vai até ele.

– Quase perdemos por tua causa.

– Mas *ganhamos* por minha causa.

Dallila atira-se em seus braços exaustos.

– Meu campeão!

O Clube Tamandaré recebe o escudo de campeão estadual das mãos de Raphael Vieira da Cunha. Após a premiação, Dallila irradia felicidade ao apalpar a medalha de ouro pendurada no pescoço de Eduardo.

– Quem era aquele homem conversando contigo?

– Um rapaz muito gentil que estava me explicando a razão do atraso da prova.

– Podia ter perguntado para mim.

– Não podia. Tu estavas dentro do bote, a uns 200 metros.

133

– Não fica bem uma mulher casada ficar de prosa com um estranho.

Dallila ri e belisca a bochecha do marido.

– Tá com ciuminho? É bom. Ciúme é prova de amor, desde que não seja exagerado.

O casal aproveita os domingos na chácara Esmeralda, na sombra das árvores frutíferas e ao aroma das flores raras cultivadas pelo velho José. Em um desses domingos, está presente o comerciante Lacerda de Almeida Junior, vizinho de José. O visitante conta que apareceu em sua caixa de correspondência uma carta aconselhando-o a comparecer à meia-noite do dia seguinte, segunda-feira, no fim da linha do bonde Menino Deus e entregar 500 contos de réis a uma pessoa que o estaria esperando, caso contrário haveria represálias. Tem como assinatura *Garra Negra*.

– Curioso – comenta José –, recebi uma carta com esse mesmo teor há algumas semanas.

Eduardo surpreende-se.

– Por que não me contaste, papai?

– Julguei que fosse um trote e não dei importância.

– Isso não pode ficar assim – contesta o filho. – É preciso tirar essa história a limpo.

Eduardo propõe uma armadilha aos achacadores. Os outros alegam que não vale a pena, mas ele insiste.

– Se não aparecerem, saberemos que é um trote.

Na noite seguinte, os três se dirigem até o final da linha Menino Deus, na esquina nas ruas José de Alencar e Praia de Belas. O local está deserto e mal iluminado por um único poste sobre o abrigo do bonde, onde Lacerda se posiciona. José e filho escondem-se à sombra de uma paineira há uma distância de vinte metros. À meia-noite, um automóvel surge lentamente dos lados da Zona Sul e estaciona diante da parada. Um homem usando um lenço no rosto desembarca e acerca-se de Lacerda:

– Trouxeste o dinheiro?

Nesse instante, Eduardo sai do esconderijo com o revólver em punho e abre fogo contra o sujeito, que, aterrorizado, regressa ao veículo. De olhos arregalados, o velho José assiste ao filho descontrolado perseguir o automóvel, disparando até descarregar o revólver. Uma quadra adiante, o automóvel choca-se contra um poste.

Do veículo, saem dois jovens de mãos para o alto. Só então Eduardo os reconhece. São os irmãos Enio e Ary Lopes, seus antigos colegas do Ginásio Anchieta, filhos de um oficial do Exército.

– Podia ter nos matado – diz um deles.

– Eu *devia* ter matado.

– Era uma brincadeira.

– Claro que a gente não iria ficar com o dinheiro.

Com o rosto vermelho e as veias salientes no pescoço, Eduardo vocifera uma quantidade infindável de palavrões e só não parte para cima dos rapazes porque é contido a duras penas pelo pai.

Algumas semanas depois, Eduardo começa a receber cartas anônimas.

IV.

A REDENÇÃO DE CARLOS

À medida que o trem sobe a serra do Planalto Médio gaúcho a temperatura cai. São oito horas de viagem entre Porto Alegre e Passo Fundo, e Carlos se ocupa lendo *Ruínas vivas*, de Alcides Maya. Às vezes, se distrai olhando a paisagem de pequenos morros, araucárias gigantes e um gramado espesso que parece não ter fim. A memória o remete para seis anos atrás, no trem de Ruy Barbosa lotado de entusiasmo cívico rasgando a serra do Rio de Janeiro rumo a São Paulo para a escala de um sonho nunca realizado.

Agora se acha sozinho, em uma terra estranha, cercado de pessoas desconhecidas, e sua motivação é resgatar a própria dignidade. Quando chegar à estação férrea de Cruz Alta, a maior da região, o trem fará uma parada de vinte minutos para, finalmente, percorrer mais um trecho de hora e meia até Passo Fundo, cidade a qual ainda não conhece, onde assumirá o cargo de promotor público do município.

Algumas semanas antes do assassinato de Pinheiro Machado, Carlos o procurou no palacete do Morro da Graça para relatar as dificuldades que enfrentava para se reposicionar na sociedade. O senador o recebeu com visível má vontade, em virtude dos últimos episódios protagonizados por seu ex-pupilo.

– Cometi muitos erros, eu sei, mas lhe garanto que aprendi a lição. Quero começar de novo, agora com mais maturidade. Preciso de uma nova chance – suplicou.

Pinheiro Machado ouviu o pedido sem muita convicção na sinceridade do rapaz. Pensou por alguns instantes e disse:

– Seu Carlos. Não vou perder tempo *le* enumerando as besteiras que cometeste. Viraste motivo de chacota. Todo o Rio de Janeiro faz troça das tuas tropelias.

Cada palavra do senador pisoteava a autoestima do interlocutor.

– Imagino que, nesse momento, todas as portas estão fechadas para ti. Ninguém te leva a sério. Se a tua promessa de regeneração é autêntica, não será por aqui que ela vai acontecer. Por que não vais pro Rio Grande?

– E o que eu faria por lá? Não tenho amigos. Meus parentes, os quais mal conheço, são da oposição e não sei como poderiam me ajudar.

– Olha, seu Carlos. Mesmo reprovando sua conduta, não sou de deixar companheiro na rua da amargura. Posso fazer algumas consultas, mandar uns telegramas. Se as tuas peripécias não chegaram ao conhecimento dos gaúchos, estou certo que serás bem recebido. Para o Partido Republicano Rio-grandense, contar com um Silveira Martins em suas fileiras vai significar um precioso troféu político, um impagável tripúdio à esfacelada oposição federalista. Desde já, *le* digo. O Rio Grande não é como o Rio de Janeiro. Lá, não tem essa frivolidade permanente. O gaúcho é sério, quieto, sisudo, gosta de franqueza e não perdoa a deslealdade. Quando se sente afrontado, reage com veemência, muitas vezes, com crueldade. Se for para repetir o teu comportamento dos últimos tempos, nem embarque.

Pinheiro Machado teve tempo de cumprir a promessa. Alguns meses após sua morte, Carlos chegou a Porto Alegre coberto de recomendações e elogios do falecido caudilho, mais do que esperava. Hospedou-se no antigo Grand Hotel, ficou amigo de políticos e intelectuais da cidade, proferiu palestras, incluindo a famigerada conferência da *Sphiynge*, e se tornou *habitué* dos cafés e livrarias da cidade. Em pouco tempo, o "braço direito de Pinheiro Machado" ganhou notoriedade. O fato de ser um republicano neto do arquirrival Silveira Martins contribuiu com uma significativa dose de excitação entre os castilhistas. Como Pinheiro Machado previra, o acolheram de braços abertos e, depois de alguns meses, com um cargo de promotor público na Comarca de Passo Fundo, pouco antes de completar trinta anos.

No trem que o leva ao destino, sente-se revigorado, mesmo que a mudança signifique trocar os grandes prazeres da capital federal, a vida noturna cheia de alternativas, o encanto dos cafés esfumaçados, as agitações políticas, os desfiles de maiôs em Copacabana pelo cotidiano manso e comportado de uma cidade com pouco mais de cinco mil habitantes na zona urbana, onde impera o recolhimento, a discrição e o recato, e as luzes a querosene se apagam ao entardecer.

Sobre Passo Fundo, sabe que possui quatro colônias, 12 escolas, uma centena de estabelecimentos comerciais, cinco barbearias, quatro clubes sociais e apenas um jornal – os de Porto Alegre chegam com um dia de atraso. A condição de tronco ferroviário para São Paulo e Montevidéu faz da cidade um corredor de tropeiros e mascates, encarregados de trazer as novidades do centro do país, da Argentina, do Uruguai e até da Europa para o mercado local ou as vendem diretamente aos consumidores tecidos, especiarias e bebidas importadas em feiras informais entre os plátanos da Praça Tamandaré.

Por indicação de seu antecessor, Osvaldo Caminha, Carlos escolhe para morar o Hotel Internacional, entre os três que funcionam na cidade. Fica sabendo, é claro, dos bordéis da mal afamada Rua 15 de Novembro, mas firmou o compromisso consigo mesmo de manter-se longe desses lugares. Em poucos dias, torna-se alvo de curiosidade, graças à condição de neto de Silveira Martins, pela proximidade com Pinheiro Machado e por ser carioca, além da desenvoltura para conquistar amigos. Frequenta as rodas de carteado no Club Pinheiro Machado, envolve-se nas movimentações políticas do Partido Republicano na região, recebe convites para churrascadas nas estâncias fora da cidade e é o mais solicitado para dançar com as moças solteiras nos bailes do Clube Caixeiral.

Tudo lhe parece mais fácil do que supunha de início. Sua condição de centro das atenções é um tônico para ressuscitar a autoestima perdida nas diatribes da imaturidade. Em poucos dias, já está familiarizado com as atividades precípuas da promotoria. Ouve as queixas, examina sua procedência e produz as respectivas denúncias quando for o caso.

Nos primeiros tempos, dedica-se a desengavetar denúncias e processos abandonados nos armários da promotoria. Em geral, eles provêm dos despossuídos, os quais normalmente saem perdendo nas disputas cotidianas desiguais que envolvem propriedades e direitos. Logo, passa a ser visto com olhos de desconfiança e contrariedade. Percebe que inevitavelmente entrará em choque com o poder absoluto e inquestionável exercido pelos figurões mandatários da cidade.

Carlos põe os olhos em Arminda pela primeira vez durante uma recepção na estância de Roldão Camargo, dirigente do PRR de Soledade, cidade que integra a sua comarca. Encanta-se com a beleza da jovem e indaga sobre ela ao anfitrião.

– É professora na escola da cidade, filha do coronel Eusébio Ortiz, um homem severo, conselheiro municipal e castilhista dos quatro costados.

– Preciso ser apresentado a ela.

– Meu conselho: não tentes nada com ela que não seja lícito, pois vai se estrepar. A jovem Arminda, como se diz por aqui, é "faca na bota". Já vi muito metido a galã se dar mal por investidas enviesadas. Outra coisa: não penses que vais conseguir chegar a ela sem primeiro amolecer o velho.

Carlos passa a dar atenção especial aos assuntos de Soledade, em busca de pretexto para rever a moça. Em uma dessas idas, o coronel Roldão lhe diz:

– Podes ficar aqui hoje à noite? Já reservei quarto no hotel.

– Por quê?

– Consegui que o coronel Eusébio o convidasse para um jantar na casa dele.

A propriedade do coronel Eusébio fica a dois quilômetros da região central. É uma residência de tamanho considerável, erguida em alvenaria com peças amplas e um requinte de bom gosto, diferente das estâncias rústicas que conheceu nessas semanas em que mora no interior gaúcho.

Durante o jantar, Eusébio profere uma longa digressão sobre o papel da família Ortiz na fundação de Soledade. A certa altura, a esposa, dona Elvira, comenta.

– Estás aborrecendo o moço, Eusébio.

Carlos, no entanto, o encoraja.

– De modo algum. A conversa está interessantíssima.

Arminda mantém-se séria e silenciosa. Às vezes, abre um sorriso discreto, mas na maior parte do tempo conserva a austeridade. Carlos é solicitado a falar sobre a vida na capital federal.

– O Rio de Janeiro é um pandemônio. A pessoa mal acorda e já é jogada naquela profusão de barulhos. Não há sossego. Os apelos são constantes.

– Mais ou menos como Porto Alegre – sugere dona Elvira.

– Muito maior, mamãe! – diz a filha.

– Arminda morou em Porto Alegre – diz dona Elvira, orgulhosa.

– Quando estudei para o Magistério – esclarece a jovem.

– E gostavas da capital? – ele pergunta, tentando introduzir Arminda na conversa.

– Eu ficava meio zonza com aquela agitação toda.

– Imagine o Rio de Janeiro. Porto Alegre tem a Rua da Praia. O Rio tem muitas *ruas da praia*. A Avenida Central, que mudou o nome para Rio Branco, a Rua do Ouvidor, a Cinelândia, o Largo da Carioca.

– Ainda que mal pergunte, o que o senhor fazia no Rio? – indaga Eusébio.

– Ah, fiz de tudo. Quando estudava, trabalhei como jornalista.

– Ah, é? Em qual jornal?

– Em vários. O Rio oferece essas possibilidades, um dia a gente está num trabalho, no dia seguinte, em outro.

– Sempre progredindo.

– Depois de formado em Direito, trabalhei uma época em São Paulo. Estava bem instalado, tinha um cargo importante. Porém, o senador Pinheiro Machado me chamou para trabalhar com ele e eu não podia recusar o convite de um amigo. Assim sendo, voltei ao Rio.

– Deves conhecer gente importante.

Carlos sorri como se a resposta fosse óbvia.

– O marechal Hermes? – arrisca a anfitriã.

– Sem dúvida. Frequentei o palácio e a casa dele por diversas vezes.

– Olavo Bilac? – pergunta Arminda.

O rosto do visitante ilumina-se. Chegou a hora de impressionar a moça.

– Uma figura extraordinária. Privei de sua amizade nos saraus de outro grande amigo, o poeta Coelho Netto. Juntos, criamos a Sociedade dos Homens de Letras com o Gilberto Amado, o Alcides Maya...

– *Ruínas vivas* é meu predileto – diz Arminda, que, a esta altura, já venceu a timidez inicial.

– Ótima escolha. Ainda prefiro *Tapera*, onde o Alcides já parece mais maduro. Não tenho, naturalmente, o talento desses grandes amigos, mas me arrisco a escrever alguns versos que, a miúde, são publicados nas revistas da capital. Pretendo reuni-los em um livro futuramente.

– Um dia gostaria de ler.

– Desde que releve minha falta de talento.

Após o jantar, o anfitrião o chama para beber um licor no salão principal da estância e demonstra uma especial curiosidade.

– Eu queria perguntar, se não lhe constrange, me diga como um Silveira Martins veio parar no seio do castilhismo?

– O legado era forte, posso lhe garantir. Mas eu era recém-nascido quando meus pais se mudaram para São Paulo, de forma que tive pouco contato com meu avô. Conheço, naturalmente, sua história e tenho grande orgulho de ser seu neto, entretanto nunca me senti atraído pelo ideário federalista. Desde cedo, me filiei ao pensamento republicano e, mais tarde, ao castilhismo, quando pude privar da proximidade com nosso inesquecível general Pinheiro Machado.

Carlos encanta o coronel com histórias sobre a política no Rio de Janeiro e os dramáticos episódios os quais testemunhou de perto. Algumas vezes, exagera no próprio protagonismo.

– Eu trabalhava como uma espécie de conselheiro do general. Não que ele precisasse, mas eu circulava em muitas rodas sociais e, assim, tinha condições de lhe trazer a voz das ruas, especialmente nos momentos mais complicados. Fomos atraiçoados por aquele movimento dos paulistas e mineiros. Mesmo assim, o general estava pronto pra outra quando aconteceu a tragédia.

– Mas me conte, coronel – Carlos muda de assunto –, como estão as coisas da política por aqui? Como anda o nosso partido?

– Pra quem, como o senhor, vivenciou os grandes dramas da política nacional pode parecer coisa de nada. Estamos com problemas na nossa cidade. Sucede que o Júlio Cardoso e o Roldão inventaram de brigar por coisa pouca. Cardoso demitiu uns funcionários ligados ao Roldão e ele não gostou. Era uma picuinha, só que cresceu de tamanho e obrigou o doutor Borges a intervir. Tirou o Júlio da Intendência e botou de provisório o Manoel Pereira Alves, já conheceste?

– O delegado de Polícia.

– Ele mesmo, com a missão de unificar o partido. Mas o Manoel cresceu o olho. Em vez de unir as duas facções, resolveu trabalhar a própria candidatura a intendente nas próximas eleições. Como pacificador, foi um fracasso.

– E o senhor, de que lado se coloca?

– Não tomo partido. Quero a paz. Sempre estivemos

juntos, eu, o Júlio e o Roldão. Nunca teve problema. Agora, parecem inimigos.

Arminda entra na sala e se aproxima do piano.

– Toca alguma coisa pro doutor – pede o pai.

Ela faz alguns exercícios com as mãos, depois apruma-se no banco e começa a dedilhar uma composição de Debussy.

– Aprendeu sozinha, acredita? – cochicha o coronel.

Ao final, Carlos aplaude e vai até ela.

– Debussy ficaria honrado com uma interpretação tão sensível.

– Conheces?

– *Claire de lune*, uma das minhas preferidas. Como aprendeu?

– Eu encomendo umas partituras de Porto Alegre e fico exercitando, sem nenhuma pretensão.

– Que nada, toca muito bem e vejo que temos muitas afinidades.

Ao final da noite, Carlos despede-se do casal anfitrião. Arminda o conduz até a porta. Ele beija suas mãos e diz:

– Se for de seu agrado, gostaria de pedir autorização do coronel Eusébio para visitá-la.

– Será um prazer. E não precisa autorização de ninguém – ela responde.

O namoro com Arminda faz com que ele passe pelo menos três dias da semana em Soledade, hospedado no hotel ou na própria estância do pai da jovem. Por temperamento e para impressionar o coronel Eusébio, sente-se impelido a ingressar de corpo e alma no caldeirão político local, e assume o lado de seu amigo Roldão Camargo.

Passa a escrever artigos contra Júlio Cardoso no jornal da cidade, o *Botucarahy*.

Aos poucos redireciona sua pontaria para o interventor provisório Manoel Alves, ao dar-se conta dos movimentos escusos para viabilizar sua pretensão de se eleger intendente. Para isso, chega a confabular com as lideranças da oposição, prometendo abrir espaços políticos, caso seja eleito. Vai além. Buscando fortalecer sua posição, Manoel obriga seus subalternos a enviarem telegramas ao doutor Borges sugerindo sua indicação para chefe unipessoal do partido, posto que Júlio Cardoso ainda detém.

Em menos de três meses de longos passeios e conversas sobre livros e música, Carlos e Arminda se casam em uma cerimônia simples na Igreja Matriz de Soledade, tendo Roldão como um dos padrinhos. Os dois vão morar em uma casa da família Ortiz no Centro da cidade. Ele organiza seu tempo de forma a despachar na sede de Passo Fundo durante os dias úteis e recolher-se a Soledade aos fins de semana.

A esta altura, conspira abertamente contra Manoel e se empenha em unificar os dois grupos antagonistas de Cardoso e Roldão em torno da candidatura do juiz Francisco Prestes à Intendência da cidade. Inconformado, Manoel escreve a Borges de Medeiros e atribui a Carlos as dificuldades para cumprir a missão de pacificar o partido:

"Ambas as facções tinham elementos de prestígio e poderiam chegar facilmente a um acordo mediante as bases estabelecidas por Vossa Excelência, se não fora a intervenção anárquica de um terceiro elemento da política de Soledade. Quero referir-me ao promotor público da Comarca de Passo Fundo, dr. Carlos da Sil-

veira Martins Leão, que, abandonando a sede da Comarca, viera residir em Soledade. Sem motivos legítimos, ele conseguiu tornar ainda maior a desarmonia entre as facções, implantando a anarquia, provocando o surto de ambições e estabelecendo suspeitas sobre a minha conduta e a inteireza de minhas intenções".*

Instado por Borges de Medeiros a dar explicações, Carlos lhe envia uma carta de seis páginas, acusando Manoel de haver aprofundado a cizânia do partido. Em um dos trechos, escreve. *"Cumpro o dever de informar ao preclaro chefe dos acontecimentos políticos que se vão aqui desenvolvendo e encaminhando Soledade a um estado de anarquia completa, cujas funestas consequências podem ser facilmente previstas, em que as questões partidárias podem conduzir as paixões até o conflito armado".*

É quase uma premonição. No dia 25 de fevereiro, uma sexta-feira, véspera de Carnaval, Carlos regressa de Passo Fundo. Ao desembarcar na estação de Soledade, o advogado Osório de Andrade Neves, aliado do intendente provisório, o interpela.

– O senhor deveria cuidar das suas funções de promotor público em vez de vir atrapalhar as coisas aqui de Soledade.

– E o senhor deveria se meter com a sua vida.

– Não é para se envolver de forma atrabiliária nos assuntos da nossa cidade que o senhor recebe do erário público.

– Não lhe devo satisfações. Se o doutor tiver algum assunto profissional a tratar, me procure no fórum de Passo Fundo. Se for para me ofender, não me dirija mais a palavra.

Diz isso e se afasta, mas o advogado insiste.

– Belo estrago o senhor está fazendo.

– Já notei que o cidadão é pau mandado do Alves. Pois

diga àquele patife que já respondi na mesma moeda suas intrigas por ele assacadas contra mim ao doutor Borges.

O advogado o segura pelo braço.

– Quem é o senhor para falar do doutor Alves? Um aventureiro, isso sim o senhor é.

Carlos se desvencilha e empurra o outro contra a parede. Osório se recompõe e saca um revólver do bolso.

– Vai aprender a não ofender homens honrados.

Aponta a arma para Carlos e lhe acerta um balaço no peito.

Na opinião do médico Heitor Vernieri, que viajava no mesmo trem vindo de Passo Fundo e deu atendimento a Carlos, o pátio da estação férrea foi palco de um milagre. O tiro disparado a uma distância de pouco mais de um metro pelo advogado Osório de Andrade Neves perfurou-lhe o tórax e alojou-se às costas, a milímetros da espinha dorsal, sem, contudo, afetar com gravidade nenhum órgão vital.

Quando volta a si, quase 24 horas após o incidente, ouve de Arminda:

– Vamos nos mudar daqui.

– Não sou homem de fugir da briga – ele balbucia.

– Não tem discussão – ela afirma, peremptória. – Se ficarmos aqui, perco o marido.

O casal aluga uma casa em Passo Fundo com o compromisso mútuo de deixar os conflitos de Soledade para trás. Trinta dias após o atentado, vencida a licença médica, Carlos retoma as funções de promotor público de Passo Fundo. Consegue convencer o prefeito e o juiz de que foi vítima involuntária de um episódio esporádico na disputa violenta pelo poder entre facções do partido em Soledade.

Estupefato, toma conhecimento da absolvição de Osório de Andrade Neves sob alegação de legítima defesa, graças aos depoimentos arregimentados por Manoel Alves de gente que sequer assistiu à cena, enquanto as reais testemunhas não foram ouvidas. Após o incidente, Borges de Medeiros enviou um ultimato aos líderes dos grupos em disputa e a pacificação deu-se por linhas tortas.

A mudança de ares, contudo, não melhora a situação. Seu empenho nas causas que envolvem grandes interesses e a postura ostensiva com que se digladia contra os seus oponentes nos julgamentos produzem uma legião de inimigos rancorosos. Em poucos meses, a maioria dos advogados de Passo Fundo não lhe tem simpatia.

Alguns deles, ligados ao Partido Republicano, começam a enviar mensagens ao governo pedindo seu afastamento. A situação torna-se insustentável. Em maio, é chamado a Porto Alegre para uma conversa com Borges de Medeiros. Depois de uma troca de gentilezas e opiniões sobre temas gerais, Borges assume um semblante grave.

– Caro amigo, vou direto ao ponto. Tenho recebido alguns informes oriundos de correligionários a respeito de sua conduta à frente da promotoria. Não tenho, por enquanto, lhes dado atenção.

– Em primeiro lugar – Carlos aparteia –, preciso registrar que tenho recebido de Vossa Excelência as mais inequívocas provas de prestígio à minha pessoa. O exercício da função de representante do Ministério Público é ingrato, com perigos e sacrifícios sem conta, mas, como soldado do partido, tenho dedicado minha obscura inteligência, minha apagada cultura...

– Não seja modesto, seu Carlos.

– ...mas, sobretudo, minhas energias e a linha de conduta que tracei para exercer o cargo. Vossa Excelência sabe que a promotoria de Passo Fundo é uma das mais trabalhosas e perigosas do nosso Rio Grande. Naturalmente, o trabalho que realizo tem criado inimigos rancorosos, mas também amigos desvelados, posso lhe garantir.

– Não tenho dúvida, mas precisamos, meu amigo, encontrar uma solução para resolver essa quezila sem que signifique um desprestigiamento tanto do querido amigo quanto dos correligionários que me têm demandado.

– Pois, prevalecendo-me do conceito moral que penso ter granjeado do juízo de Vossa Excelência, me atrevo a propor uma solução. Apresento-me candidato à primeira vaga que surgir na comarca de Porto Alegre.

Borges de Medeiros arregala os olhos.

– Bem, acredito que mais cedo ou mais tarde isso irá acontecer. No momento...

– Faço essa reivindicação diretamente perante meu preclaro chefe, sem interposição de terceiros, porque sei que não se coaduna com a prática política de Vossa Excelência.

– Querido amigo. Existem etapas a serem cumpridas. Temos uma lista de quadros de grande valor pessoal e de fidelidade ao partido que aguardam uma vacância na comarca da capital.

– Vossa Excelência pode ter a segurança de que haverei de me orientar pelos mesmos valores que têm dirigido meu caminho na vida até hoje: devotado amor à Justiça, à República e ao trabalho.

O chefe republicano procura palavras para alterar o rumo da conversa, mas Carlos insiste.

– O motivo que me inspira a fazer o pedido não é de interesse imediato. Tenho o objetivo de poder exercer minha autoridade política e social em um meio culto, onde os meus serviços serão aproveitados do melhor modo que entender Vossa Excelência.

– Vamos devagar com o andor, meu caro. Tudo tem seu tempo.

O presidente do Estado não lhe acena com maiores esperanças. Ao retornar a Passo Fundo, relata a Arminda a conversa com Borges de Medeiros.

– E ele, o que respondeu?

– O importante é que não recusou de pronto. Estou otimista. O homem gosta de mim.

Arminda demonstra seu pessimismo.

– Não conta com isso. Estou com mau pressentimento. Acho bom procurarmos outro lugar, mesmo que não seja Porto Alegre.

Passam-se dois meses sem qualquer resposta de Borges de Medeiros quanto à transferência. Em uma disputa jurídica trivial em torno de demarcação de terras, Carlos e o advogado Antônio Bittencourt de Azambuja protagonizam uma discussão feroz. À saída do fórum, o advogado comenta em voz alta.

– Nunca tivemos em Passo Fundo um promotor tão inepto, arrogante e desleal.

Carlos resolve seguir em frente, mas Azambuja repete, quase gritando.

– Repito, nunca tivemos na comarca de Passo Fundo um promotorzinho tão...

– É bom parar por aqui, antes que eu decida processá-lo por ofensa moral contra uma autoridade do Poder Judiciário.

Azambuja deixa escapar uma interjeição de asco. Olha para as pessoas em volta e exclama.

– Esse lixo se diz autoridade.

– Repita, se for homem.

Azambuja ergue sua bengala e investe contra ele. O primeiro golpe lhe acerta a orelha. Estonteado, tenta se defender com a sua bengala, mas recebe uma sucessão de pancadas. Carlos está em desvantagem ante a força física do oponente. Procura aparar os golpes de Azambuja até conseguir uma posição melhor. No entanto, o outro acerta em cheio na sua bengala e a quebra em duas partes. Carlos perde o equilíbrio, enquanto o rival lhe acerta bengaladas no pescoço e nos braços.

Vendo-se em inferioridade, busca o revólver do bolso interno do paletó e atira para o alto. Imediatamente, Azambuja saca sua pistola e dispara contra ele. Seus dois acompanhantes o imitam. Segue-se uma fuzilaria que só termina quando Carlos cai ao chão, desacordado, com várias perfurações no corpo. Os agressores olham-se assustados e se retiram do lugar, julgando que ele está morto.

Da saraivada de tiros disparados pelos três homens, quatro acertaram o alvo. Dois no antebraço esquerdo, que ele usou como instinto de defesa, um no ombro e outro na cintura, de raspão.

Outra vez, ante uma grave ameaça, Carlos escapa com vida. Obtém 60 dias de licença para curar os ferimentos, e neste período recebe um telegrama lacônico de Borges de Medeiros, o qual, de forma genérica, lamenta o acontecido e determina: tão pronto expire a licença, ele deve se apresentar em Cruz Alta para assumir o Ministério Público local em substituição ao promotor Alberto de Brito, nomeado para a vaga que Carlos almejava em Porto Alegre.

Quando informa Arminda, ela lhe responde:
– Pois então, vamos. Porém, creio que esta é a tua última chance.

Cruz Alta é um pouco maior do que Passo Fundo, com um total de 42 mil habitantes, e parece mais animada. Já dispõe de energia elétrica, possui uma ótima livraria, onde se pode encontrar até jornais do centro do país – naturalmente, com algum atraso –, o Teatro Carlos Gomes e um cinema, o Biógrafo Ideal, implantado pelo comerciante francês Ernesto Lacombe, uma espécie de visionário que chegou ao requinte de obrigar os filhos a aprenderem a tocar instrumentos para animar as sessões.

A vida *chic* da cidade gira em torno da Rua do Comércio, no trecho delimitado pelas praças da Matriz e Itararé. Ali se perfilam, além do cinema e do teatro, o Centro Republicano, a Intendência Municipal, os jornais *O Comércio* e *O Cruz Alta*, o Clube do Comércio e as casas comerciais mais concorridas.

Carlos toma posse como promotor da comarca no dia 25 de janeiro de 1918, em um momento de euforia econômica. A iniciativa dos criadores locais de importar reprodutores do Uruguai começa a dar resultados. A qualificação do rebanho atrai dezenas de tropeiros, especialmente do frigorífico Swift Armour, situado na fronteira. Os bons negócios fazem duplicar a arrecadação do município em relação ao mês anterior, criando uma sensação de progresso que imediatamente se reflete no movimento comercial.

Do total de eleitores inscritos em Cruz Alta, 2.370 são do Partido Republicano e 148 do Partido Federalista. Politicamente, a cidade gira em torno do clã liderado pelo velho general Firmino de Paula, primo do falecido Júlio de Castilhos e considerado herói da Revolução de 1893. Em seus primeiros dias de trabalho, Carlos recebe um recado. O general Firmino de Paula deseja conhecê-lo. Carlos já ouvira falar dos feitos do caudilho na Revolução de 1893, através dos relatos épicos de Pinheiro Machado. "Existem homens implacáveis, e existe o Firmino", definia o senador, com algum sarcasmo.

– Vieste muito bem recomendado pelo Borges – o general o cumprimenta.

– De minha parte, como militante republicano, estou honrado pela oportunidade de conhecer um autêntico herói do castilhismo.

– Vamos entrar.

Firmino de Paula é um homem pequeno perto dos oitenta anos, com bigode farto de pontas compridas. Seu filho, que acumula o cargo de intendente e chefe de Polícia, acompanha a conversa. O velho caudilho oferece um chimarrão e trata de pôr o visitante a par das peculiaridades locais.

– Cruz Alta é uma cidade pacata, na qual a ação de desordeiros está sob controle. Fomos obrigados a constituir uma Força Municipal de 15 homens quando o governo, inexplicavelmente, transferiu o destacamento regional da Brigada Militar para Passo Fundo – queixa-se o anfitrião.
– Ainda vou cobrar do meu amigo Borges esse desprestigiamento.

Por provocação de Carlos, a conversa deriva para os feitos do Firmino pai durante a revolução. Estirado em uma poltrona roxa desbotada de tanto uso, o general fala em tom de solenidade.

– A verdade, meu amigo, é que meu corpo é minguado, mas tenho as costas largas. Atribuem a mim episódios medonhos, mesmo quando eu não estava no local onde se sucederam. Vou *le* dar exemplo. Muito se fala da "batalha do Boi Preto", já ouviste falar? Passados quase 25 anos, é fácil emitir juízos, dizer isso e aquilo. Quero ver o que fariam se estivessem lá quem hoje fala em infâmia e crueldade. Lutávamos, meu jovem, pelas nossas ideias e pela nossa vida. Naquele momento, perseguíamos o grupo de maragatos do Manoel Pedroso, que havia degolado mais de trinta dos nossos. Quando os capturamos, não partiu de mim nenhuma ordem para os degolamentos, mas *le* pergunto: como controlar a sede de vingança da tropa? Além do mais, esse Manoel havia ordenado a matança da família do Adão Latorre, um dos nossos homens mais valentes.

– Duzentos e cinquenta maragatos degolados – intervém o filho, com algum sadismo.

– A maioria pelo negro Latorre, incluindo o Manoel Pedroso – prossegue o general.

– O negro tinha especial predileção pelos castelhanos que o Gumercindo Saraiva tinha trazido do Uruguai – continua o filho. – Pegava o sujeito, encostava a faca no pescoço e pedia pra ele pronunciar a letra J. Se dissesse *rota*, o negro degolava.

O velho Firmino impacienta-se com a nova intromissão do filho.

– Não vi nada disso. Saí de perto. Depois, já velhinho, o Adão foi morto numa emboscada armada pelo Antero Pedroso, irmão do Manoel. Gostam de me atribuir a história da cabeça do Gumercindo, já ouviste falar?

– Aquilo ocorreu de fato?

– Essa é outra infâmia. Estávamos eu e o Juca – refere-se a Pinheiro Machado – empenhados na perseguição ao Gumercindo, mas o desgranido foi morto numa emboscada, com um tiro pelas costas, na véspera da batalha do

Catovi. Não se sabe quem atirou. Depois de morto, os maragatos puseram o corpo dele sentado numa carreta, como se estivesse vivo, para manter o moral da tropa, porque o sujeito representava um símbolo. Se o teu avô era a cabeça da revolução, o Gumercindo era a alma. Quando passamos pelo cemitério, ouvi um zum-zum de que ele estava enterrado ali. Havia ali duas catacumbas e, no meio delas, uma sepultura cuidadosamente disfarçada. Ordenei que abrissem a cova e retirassem o corpo, para apurar a veracidade do boato. Feita a exumação, foi reconhecido como sendo efetivamente o Gumercindo por um maragato que tínhamos capturado. Me acusam de deixar o cadáver exposto na estrada para ser visto pelas nossas tropas da Divisão do Norte. Falam que os nossos oficiais fizeram as tropas desfilarem ao lado do cadáver. Tudo mentira. Não permiti que nenhum dos nossos praças visse o corpo. Não faria uma baixeza dessas. Inventaram até que eu teria mandado a cabeça do Gumercindo pro Júlio.

– Procede essa história?

– Uma lenda. Se isso aconteceu, veja como estou dizendo: se isso aconteceu, não tive responsabilidade nenhuma. Determinei a um coronel que levasse o espadim do Gumercindo ao Júlio como um *souvenir*. Apenas isso. Surgiu o boato de que eu teria mandado levar a cabeça e que o Júlio teria se enfurecido. Não mandei e nem sei se isso aconteceu. Nunca ouvi do Júlio qualquer referência a esse fato. Não sou homem, seu Carlos, de tripudiar sobre meus adversários, ainda mais alguém como o Gumercindo, um homem valente, embora traiçoeiro.

A conversa com o caudilho dura várias horas. Ao se despedirem, o novo promotor ouve:

– Simpatizei com o senhor. Sempre nos demos bem com o pessoal da Justiça aqui em Cruz Alta e estou certo de que não será diferente, pois temos como valor mais alto os elevados interesses do nosso partido.

Carlos e Arminda instalam-se em uma casa ampla com um pátio de árvores frutíferas a duas quadras da rua principal, onde fica o Fórum, de forma que ele poderá ir a pé até o trabalho. Arminda conseguiu transferência para dar aulas no Colégio Santíssima Trindade, dos padres franciscanos, e aceitou o convite para participar do grupo Damas de Caridade, que integra as esposas e filhas dos próceres republicanos. Além do piano trazido de Soledade, Carlos encomendou uma vitrola e alguns *long plays* à Casa Hartlieb, de Porto Alegre, que recheia o lar de musicalidade.

Nos primeiros tempos, ele priva da hospitalidade do velho general Firmino de Paula, mas nota de parte do filho uma sútil desconfiança, decorrente, vem a saber por comentários de terceiros, de sua linhagem Silveira Martins. Ao mesmo tempo sabe que terá de defrontar-se, em seu cotidiano de promotor, com o poderio inquebrantável da família em qualquer assunto, que se reflete nos julgamentos, onde é perceptível uma clara inclinação dos réus para decidirem conforme seus interesses.

Está há pouco mais de um mês à frente da promotoria quando depara-se com o caso de um sujeito chamado João Köeller, conhecido em toda a Cruz Alta como encrenqueiro e ardoroso federalista, portanto, inimigo da família Paula. O episódio deu-se no empório do seu Gruhn, localizado no chamado *Barro Preto*, na zona do meretrício de Cruz Alta. O tipo altercou-se com outro arruaceiro de nome Pedro Costa, que vivia de biscates e pequenas contravenções. O bate-boca converteu-se em pancadaria.

Depois de surrar impiedosamente a vítima, Köeller conseguiu amarrá-lo, com o auxílio de outros comparsas, para levá-lo à delegacia. Antes, pediu ao alemão Gruhn mais um copo de canha.

– Pode me prender. Amanhã, me soltam – disse o tal Costa.

Köeller, então, calmamente entornou a cachaça, puxou o revólver e matou o sujeito a sangue-frio com três tiros, na frente de várias testemunhas. Seria um caso inequívoco de homicídio que condenaria o réu a uns bons anos de cadeia. Contudo, Carlos estranha que em sua defesa acorrem os advogados Euribíades Dutra Villa e João Vasconcellos Pinto, o primeiro, deputado estadual, e o segundo, presidente do Conselho Municipal, ambos ligados ao intendente Firmino Filho. Por qual razão se apresentariam dois eminentes quadros do Partido Republicano na defesa de um réu oposicionista e reconhecidamente sem posses para bancar seus honorários?

Uma investigação informal revela as intrigantes conexões que os unem. Da cadeia, João Köeller havia apelado ao caudilho Rafael Cabeda, chefe maior do Partido Federalista no Estado. Este acionou seu correligionário de Cruz Alta Felix Porciúncula, cujo filho mais velho, Olyntho, vem a ser concunhado de Firmino Filho. Assim, articulou-se para dar respaldo ao assassino de uma improvável aliança entre republicanos e federalistas, urdida no compadrio e nas conveniências.

No julgamento, Carlos gasta quatro horas para descrever o crime em suas minúcias e desfiar o passado conturbado e violento do réu. Para surpresa geral, contudo, Köeller é absolvido por unanimidade pelos jurados, que acolhem a tese de "perturbação dos sentidos e da inteligência", alegada pelos defensores.

Alguns dias depois, o promotor é chamado para uma conversa reservada com o juiz Joaquim Américo Pereira.

– Primeiramente, doutor promotor, gostaria de saber sua avaliação sobre a marcha do julgamento.

– Do meu ponto de vista, foi revoltante. Todos os testemunhos deixaram claro que ele cometeu o assassinato a sangue-frio. O falecido ficou um bom tempo manietado antes de ser morto. Não se configurou, de forma alguma, a situação de impulsividade que poderia embasar a tese da defesa. Sem dúvida, houve condicionamento dos jurados.

O juiz levanta-se, vai até a antessala e pede ao secretário para não ser importunado. Fecha a porta, retorna à sua mesa e pede para Carlos se aproximar.

– Bem, o que vou lhe contar não pode passar das paredes desta sala. Recebi uma carta anônima denunciando que houve aliciamento dos jurados antes do julgamento. De certo, me foi encaminhada por um dos integrantes do júri. Foi dito a eles que o coronel Firmino Filho teria interesse particular na absolvição do criminoso.

Carlos salta da cadeira.

– É um escândalo! Isso precisa ser denunciado.

O juiz pede silêncio.

– Teriam procurado um por um todos os jurados da lista. Durante a eleição do júri, os advogados de Köeller vetavam justamente quem se mostrara mais recalcitrante durante o processo de pressão.

– Um julgamento forjado. É preciso providenciar sua anulação – o promotor protesta em voz alta.

– Dificilmente poderíamos provar o condicionamento. Ninguém de sã consciência irá confirmar a denúncia, com medo de represálias.

– Não podemos compactuar com isso, doutor Joaquim.

– Não se trata de compactuar, mas não se pode levantar uma denúncia como essa sem provas.

A absolvição de Köeller equivale à desmoralização pública diante dos cruz-altenses, justamente em seu primeiro caso mais rumoroso. "Como pôde o promotor permitir a absolvição de um assassino naquelas circunstâncias?", perguntam os cidadãos.

Um mês depois, é julgado o recurso. Na sua manifestação perante o tribunal, Carlos insinua a existência de pressões de "pessoas influentes da política cruz-altense" para que Köeller fosse inocentado, sem mencionar nomes. O advogado Villa retruca com rispidez.

– Não admito que sejam levantadas aleivosias contra a nossa atuação.

– Não se faça de santinho. O senhor sabe muito bem do que estou falando, deputado. Os votos dos jurados foram cabalados – Carlos vai mais longe do que gostaria.

– Isso é uma ignomínia.

Os dois discutem ferozmente, obrigando o juiz Guarita a adverti-los.

– Vais te arrepender amargamente, doutorzinho – ameaça Villa.

Contudo, a absolvição de João Köeller é mantida. Ao cruzar com o promotor, ao final do julgamento, o advogado Villa lhe diz, com sarcasmo:

– Já sabes, então, quem manda por aqui.

A acusação chega ao conhecimento do coronel Firmino Filho. Quando reencontra o promotor, durante um almoço no Clube Comercial, ao contrário de outras vezes, o intendente não o convida para almoçar em sua mesa. Na verdade, sequer o cumprimenta.

À noite, Carlos conversa com Arminda sobre a nova situação criada.

– Chego a uma grave conclusão, minha cara. O trabalho de um promotor em uma cidade com um domínio político tão ostensivo não é apenas árduo. É praticamente inviável. No caso presente, como vou exercer minha função se esse júri é dominado pela família Paula?

– Faz qualquer coisa, troca o júri. O que não pode é tu ficares abatido deste jeito.

– Não me resta alternativa. Ou me torno omisso ou... Espere. O que tu falaste?

– Não podes te deixar abater.

– Não, antes. Algo como... trocar os jurados?

Corre à casa do juiz e o encontra sonolento, vestindo um chambre sobre o pijama.

– Desculpe importuná-lo a esta hora, mas tenho uma solução para os nossos problemas.

– E quais seriam os "nossos problemas"?

– Uma substituição radical na lista de jurados. A Lei da Magistratura prevê que a renovação deve ser anual, mas aqui não é feita há mais de quatro anos.

Com alguma vacilação, o juiz concorda em aprovar a medida, porém alerta.

– Não se iluda. Haverá represálias.

Carlos apresenta uma relação de 42 cidadãos sem vínculos comerciais ou políticos com a família Paula, incluindo até simpatizantes da oposição. Os escolhidos começam a aparecer no Fórum para serem entrevistados pelo juiz, provocando a curiosidade do povo.

A alteração da lista de jurados é considerada "afronta" pelo intendente e a reação não tarda. A campanha de hostilidades inicia-se com um artigo assinado pelo deputado Dutra Villa no jornal *O Cruz Alta*, da família Paula: *"O promotor Silveira Martins Leão por onde passa vai deixando um rastro de discórdia social, desarmonia política e odiosidade nas famílias, saindo por todos amaldiçoado, como ocorreu em Soledade e Passo Fundo, outrora tão pacatos. Aqui, em nossa bela e próspera cidade, onde todos estamos empenhados pelo bem comum, usufruindo a felicidade pública perfeita, esta autoridade conspira abertamente, não se furtando de burlar a boa-fé do insigne magistrado Joaquim Américo Ribeiro, através de intrigas e tramoias".*

Carlos resolve comprar a briga. Vasculha os arquivos da promotoria e desenterra processos adormecidos, promove o andamento de inventários, solicita inspeções em órgãos públicos, intima autoridades a prestarem contas de seus gastos e determina que a Intendência recolha recursos para o fundo dos órfãos, o que não vinha fazendo.

A guerra aberta torna-se o tema das conversas nas mesas do Clube Comercial e nas vendas da periferia. Os convites ao casal para bailes e celebrações rareiam, e sua presença no teatro ou no cinema é alvo de fuxicos por parte dos frequentadores. Arminda comenta que tem notado algum mal-estar nas reuniões do grupo Damas de Caridade, mas não se abate:

– Não ligo. O que me importa é te ver assim, com disposição e energia.

No início de março, Firmino de Paula Filho e Dutra Villa embarcam para Porto Alegre, anunciando aos quatro ventos sua intenção de reivindicar ao presidente do Estado, Borges de Medeiros, a remoção de Silveira Martins Leão da Comarca de Cruz Alta. No dia seguinte, a partir de um telegrama enviado de Porto Alegre por Firmino Filho, espalha-se em toda a cidade o boato de que o chefe republicano teria concordado em afastar o promotor.

À noite, Carlos redige uma carta a Borges de Medeiros, enquanto Arminda exercita ao piano as novas partituras que encomendou à Casa Hartlieb, em Porto Alegre.

– O que é isso? – pergunta a ela.

– Umas peças que Schumann compôs para suas filhas. São lindas e boas de tocar, para desenferrujar.

– Não podes perder a prática.

– O cotidiano da escola está muito complicado.

– Algo a ver com as minhas brigas?

– Não te impressiones. Cidade pequena é assim mesmo – diz Arminda, e volta a acariciar as teclas.

Carlos retoma a carta a Borges de Medeiros: *"Como soldado disciplinado do partido, que tem pelo seu chefe uma veneração particular e entusiástica, não quero me provalecer absolutamente da vitaliciedade do meu cargo e o deporei nas mãos honradas de Vossa Excelência quando assim entender que é de conveniência para o partido. Então, sempre fiel soldado de suas fileiras, irei exercer minha autoridade profissional em outro lugar ao longo desta Serra, onde, se tenho inimigos gerados pela contingência do cumprimento do dever, também tenho amizades de que me orgulho, nascidas do meu amor ao trabalho e da pureza da minha conduta pública".*

Assina a carta e mostra a Arminda. Ela lê sem muito entusiasmo.

– Ouve o que eu te digo. Tua permanência dependerá de um acerto com os Paula.

– O doutor Borges não me pediria isso.

– Não pediria. Vai ordenar. E talvez seja o mais prudente.

– Você também está contra mim, Arminda.

– Te quero vivo e trabalhando com entusiasmo.

– Acordo com o Firmino Filho está fora de cogitação.

Passa-se uma semana de aflição. Em lugar da temida remoção, Carlos recebe uma resposta assinada por Borges de Medeiros: *"Recomendo-vos, como correligionário disciplinado que deveis ser, de entreter as melhores relações pessoais e oficiais com o coronel Firmino de Paula Filho, intendente e diretor republicano unipessoal nesse município, cercando-o do devido acatamento e ouvindo-o nas questões que, embora compreendidas na esfera da Justiça, possam afetar de qualquer modo a economia íntima de nossa comunhão política".*

Carlos passa a vivenciar um vácuo existencial. Como Arminda previra, sem acordo com os Paula, seus dias na promotoria estão em contagem regressiva, mas não toma qualquer iniciativa de aproximação. A crise se aguça e os inimigos comemoram ostensivamente o anunciado desfecho. No Fórum, os advogados Dutra Villa e Vasconcellos Pinto o desprezam, com comentários em voz alta sobre sua conduta, que consideram "atrabiliária" e "indigna do cargo".

No final de maio, recebe a comunicação que lhe derruba o ânimo. Deverá transferir-se para a comarca de São Borja, em substituição ao promotor Pedro Santos Pacheco, o qual ocupará seu lugar em Cruz Alta. A troca, entretanto, não acontece, pois Pacheco consegue uma medida de insubsistência para evitar sua remoção.

Em uma conversa informal com um grupo de amigos, ouve do coronel Ricardo Vidal uma referência de que a casa de Firmino de Paula Filho teria sido paga com dinheiro público.

– Todo mundo sabe. Ele construiu a sua mansão ao mesmo tempo em que era erguido o Palácio Municipal. No meio do caminho, as despesas se misturaram e o erário pagou tudo, o prédio da Intendência e a casa do intendente.

Carlos empenha-se em buscar provas do que acabara de ouvir. Pesquisa dados de orçamentos, autorizações de despesas, preços de insumos, plantas e notas fiscais relacionadas ao prédio da Intendência. Descobre que os gastos ultrapassaram bastante a previsão oficial. Firmino de Paula, à época, justificou-se pela elevação dos custos de materiais em função da guerra. Falta, no entanto, a prova cabal que configure o crime de corrupção. Decide encaminhar um pedido de esclarecimentos à Intendência, mas não terá tempo.

Na metade do mês de julho, sem aviso prévio, o promotor Mario Guimarães apresenta-se para assumir o Ministério Público de Cruz Alta e entrega a Carlos o comunicado de sua transferência para Santana do Livramento.

Afinal, Firmino de Paula Filho venceu o duelo.

Em desagravo, Carlos publica um artigo no jornal *Correio do Vale*, de Santa Maria: "*Há vinte anos, o povo de Cruz Alta geme sob a oligarquia da família Paula, que o oprime e avilta, além de privá-lo de sua liberdade, sem garantias de suas propriedades e de tudo quanto mais o cérebro de um desalmado pode produzir*". Ao final, insinua que Firmino teria construído sua mansão particular no Centro de Cruz Alta com dinheiro público.

A publicação tem o efeito de uma hecatombe no cotidiano de Cruz Alta. Os exemplares do *Correio do Vale* são avidamente disputados até desaparecerem das bancas do

Centro e da estação de trens. Uma parte do sumiço é atribuída a funcionários municipais por ordem do intendente, mas tarde demais. O artigo torna-se o tema principal das rodas de conversa nas praças, nos bares e mercearias, não propriamente pelo tema, que já corria a boca pequena, mas pela coragem de seu autor de afrontar os poderosos. Alguns até temem por sua vida.

Alguns dias depois, Carlos retorna para casa ao entardecer quando é abordado por dois sujeitos. Não há ninguém por perto. Mesmo no escuro, tem a impressão de conhecer um deles. Os dois acercam-se de forma ameaçadora. Ele pressente a armadilha e busca o revólver no bolso, mas é manietado pelos desconhecidos, que o empurram para um local ermo. Um deles o agarra por trás, prendendo-lhe os braços. O outro se põe à sua frente e lhe acerta um formidável soco no estômago. Carlos grita e esperneia, tenta se afastar à base de pontapés, no entanto o homem é mais forte e determinado. Durante uns bons minutos aplica-se uma infindável saraivada de socos e pontapés, sem que ninguém apareça para acudi-lo.

Quando os agressores se dão por satisfeitos, Carlos rasteja com dificuldades para fora do beco, balbuciando pedidos de socorro. É acudido pelo biscateiro Miguel e, então, perde os sentidos e só os retomará no dia seguinte, deitado em sua cama.

A monumental sova provocou fissuras das costelas, equimoses e hematomas em todo o corpo e alguns dentes amolecidos. Passa três dias aos cuidados da zelosa Arminda, que lhe aplica compressas de água morna nos inchaços e infusões de clorofórmio nas feridas.

Ao se recuperar, mergulha no submundo da cidade em busca de informações. Consegue encontrar o homem que o socorreu. Miguel relata que viu o praça municipal Elpídio Campos acompanhado de um sujeito chamado Bento saindo do beco onde encontrou o promotor ferido. Carlos recorda-se de Elpídio, que fora a julgamento pelo assassinato de um soldado da guarnição de Cruz Alta durante uma briga na zona do meretrício. Na ocasião, fora absolvido, sob a alegação de legítima defesa. Contudo, soube que o tipo queixava-se da forma como foi tratado durante o julgamento. Aconselhado por amigos a deixar Cruz Alta para escapar à provável represália dos soldados, teria dito: "Não saio da cidade sem dar uma surra nesse promotor!".

O turno do guarda municipal Elpídio Castro encerra-se às 19 horas. Quando deixa o prédio, Carlos o aguarda na esquina, acompanhado por um policial.

– Vamos conversar.

– Não tenho nenhum assunto para conversar com o senhor.

– Você está em apuros, seu Elpídio. Já tenho depoimentos de cinco pessoas que o acusam das agressões contra a minha pessoa.

– É mentira!

– Uma delas é o seu comparsa naquela empreitada – Carlos blefa. – Como é mesmo o nome dele?

– O Bento foi embora de Cruz Alta há dias – conta, e se dá conta do ato falho.

– Comissário, prenda esse homem por lesões corporais e tentativa de homicídio.

– Peraí. Não tem nada de homicídio. Era só pra machucar.
– Ah, é? E quem deu ordens para "só machucar"?

Elpídio fica em silêncio. Na delegacia, pressionado, revela que ele e o tal Bento receberam recompensa em dinheiro e promessa de imunidade para aplicar uma surra exemplar no promotor. Os mandantes seriam o intendente Firmino de Paula Filho e o capitão Alcides Fernandes de Moraes, chefe da Guarda Municipal.

Na manhã seguinte, Carlos passa na Farmácia Brazileira para comprar analgésicos para os resquícios de dor que persistem. Dali, irá à delegacia para apressar os procedimentos do inquérito policial.

– Que bom encontrá-lo com disposição, doutor – saúda o farmacêutico Sebastião Verissimo.

– Já passei por outras piores, meu amigo. Algum dia lhe conto.

– Imagino que o amigo esteja investigando as circunstâncias do que lhe aconteceu.

– Prendemos um dos agressores. O outro fugiu. Mas estou no encalço dos mandantes e já tenho boas pistas.

O farmacêutico sorri.

– É assim que as coisas funcionam em Cruz Alta, doutor – comenta Sebastião, com a maior naturalidade. – O que mais se vê por aqui é os donos da cidade mandarem espancar arruaceiros, golpistas, pedintes, bêbados e farristas de todo o tipo.

– Estou bem acompanhado, então.

– Não é só o amigo. Certa feita, eu tinha uma pendência séria com o Firmino Filho e fui seguido por um sujeito que havia sido contratado para me surrar. Felizmente, ele ficou com pena e desistiu. Nunca pude provar quem era o mandante, mas até as árvores da Praça Itararé sabem quem foi.

– O senhor se disporia a depor?

– O que eu teria a perder?

Da Farmácia Brazileira, Carlos dirige-se à delegacia, onde ouve a péssima notícia. Elpídio fugiu durante a madrugada, antes que seu depoimento fosse tomado a termo. Dois homens mascarados renderam a guarda e o resgataram. Sente vontade de esbravejar, mas se contém.

– Comissário, devemos abrir o inquérito imediatamente, antes que coisas misteriosas comecem a se repetir. Vou tomar algumas providências para que ele tenha curso.

Deixa a delegacia e ruma célere através da Rua do Comércio em direção ao prédio da Prefeitura. Vai abrindo portas até alcançar a sala do intendente.

– Doutor Firmino, por uma questão de lealdade partidária, a qual eu prezo muito, ao contrário do senhor, venho lhe comunicar que o estou acusando, com base em provas consistentes, de ser o mandante do atentado praticado contra mim.

Firmino Filho olha para os assessores com ar de deboche. Depois volta-se para ele:

– Ponha-se daqui para fora!

– Não teve coragem de me enfrentar como homem – Carlos mantém-se na ofensiva. – Precisou contratar capangas. Agora, vai pagar caro.

O intendente levanta-se:

– Com que direito o senhor entra no meu gabinete e...

– Acabo de enviar uma mensagem ao doutor Borges de Medeiros informando-lhe dos fatos.

– Ora, seu...

– Não vim aqui para bater boca! Acho bom preparar a sua defesa e, antes disso, uma boa justificativa ao doutor Borges. Passe bem!

Ao final da tarde, toda Cruz Alta já sabe do episódio. Carlos anda de cabeça erguida pela cidade, volta a frequentar o cinema e o teatro com Arminda. Sua disposição de desagravar a agressão da qual foi vítima e enfrentar os poderosos da cidade é vista com uma mistura de curiosidade e respeito. Nos lugares aonde vai, as pessoas puxam assunto, algumas tomam coragem para falar dos desmandos que ocorrem em Cruz Alta. A versão de que Firmino Filho estaria envolvido no atentado torna-se voz corrente.

Ao saber das movimentações do promotor para esclarecer as circunstâncias do ataque, o juiz José Américo Ribeiro o chama à sua sala e faz uma revelação:

– Já que tens essa disposição inarredável de levar a história adiante, tenho uma informação que talvez te ajude. Uns dias antes da agressão contra ti, o doutor Ney Costa, atual promotor de Passo Fundo, contou-me uma história intrigante. Durante a recepção ao embaixador italiano, ouviu do coronel Firmino Filho algo mais ou menos assim: "Ainda vou mandar darem uma surra no cafajeste do Silveira Martins Leão".

– O senhor se dispõe a depor?

– Só posso dizer o que eu ouvi do doutor Ney. Ele, de certo, não irá negar o que disse.

Carlos ainda tem um problema a resolver. O período de licença-saúde esgotou-se e ele não tem mais como postergar sua posse na Comarca de Livramento, distante 400 quilômetros. Portanto, precisa apressar o andamento do processo contra o intendente. Contudo, uma conversa com Arminda irá determinar uma mudança radical em suas vidas.

– Nosso próximo porto é a fronteira – ela diz, um tanto amargurada. – Lá, de certo, essas coisas se repetirão, pois nem os mandatários deixarão de mandar em tudo, nem tu te acomodarás, nem quero que te acomodes. Só quero ponderar uma coisa. Isso não é vida, meu amor.

– Nesta profissão, as coisas são assim.

– Então, para a sanidade da nossa existência, talvez devas mudar de profissão. És um ótimo advogado e vens angariando o respeito da comunidade. Na minha opinião, deves largar a promotoria e abrir uma banca.

– Seria um retrocesso.

Arminda afaga o seu cabelo.

– Seria um novo desafio e tens coragem e capacidade suficientes para enfrentá-lo, e eu estarei ao teu lado, feliz e de ânimo renovado. Aprecio a cidade, apesar de tudo. Gosto do meu trabalho e dos meus alunos. Não quero sair de Cruz Alta. Pensa nisso.

No dia seguinte, Carlos envia um comunicado lacônico ao governo avisando de sua exoneração do Ministério Público para se dedicar à advocacia, e seu primeiro caso será justamente abrir um processo criminal relacionado à agressão que sofreu. Os acusados reagem. Em nome da família Paula, o advogado Dutra Villa ingressa com um processo de calúnia, em função do artigo no *Correio do Vale*.

Carlos aguarda ansioso um pronunciamento de Borges de Medeiros sobre os recentes acontecimentos. Fica sabendo, através de uma notícia publicada em *A Federação*, o jornal oficial, que adotara uma postura francamente favorável a Firmino Filho: *"O presidente do Estado, dr. Borges de Medeiros, resolveu nada modificar relativamente à direção política de Cruz Alta enquanto não se pronunciar a Justiça sobre as responsabilidades atribuídas a algumas autoridades locais pelo fato das agressões que ali sofreu o dr. Silveira Martins Leão no dia 30 de agosto último. Foi isso o que o chefe do Partido Republicano Rio-grandense declarou em audiência ao coronel Firmino de Paula, que espontaneamente ofereceu a renúncia do cargo de delegado de Polícia".*

Alguns dias depois, sai a decisão da Justiça. Estupefatos, os moradores de Cruz Alta recebem a impensável sentença judicial: Firmino da Paula Filho e Alcides Fernandes de Moraes são condenados em primeira instância como mandantes das agressões. O despacho do juiz considera: *"As circunstâncias do lugar em que foi cometido o crime, o desassombro com que agiram os assaltantes, a calma com que se retiraram do local, o desaparecimento de um deles, a prisão e posterior fuga do outro, e outras provas longamente examinadas evidenciam a existência do mandato, e mostram que os mandantes deviam ser pessoas de quem eles esperavam a garantia de sua impunidade".*

Ainda que os acusados tenham sido absolvidos em segunda instância, os cruz-altenses não têm dúvida. Em muitos anos, surge alguém com coragem e disposição para enfrentar o clã dos Firmino de Paula. Mesmo com o ostensivo boicote de Firmino Filho, em pouco tempo a banca do doutor Silveira Martins Leão torna-se uma das mais movimentadas da cidade.

Carlos ingressa na década de 20 na condição de próspero advogado em Cruz Alta, com o espírito apaziguado pela maturidade. O símbolo de sua nova vida com Arminda é o nascimento do primogênito Paulo de Tarso, um menino com a pele amorenada do pai e os olhos verdes da mãe.

Com o tempo, as perseguições arrefecem, pois, eleito deputado estadual, Firmino Filho passa a maior parte do tempo em Porto Alegre. Não se falam, tampouco se cumprimentam. Nas raras vezes em que encontra o velho Firmino, lhe dirige um aceno com a cabeça, que o caudilho retribui com discrição. Ouve, de alguém próximo ao clã, que o general se refere a ele como um homem corajoso, embora ainda o considere um inimigo.

O que o inquieta é a distância que mantém das atividades partidárias, inviabilizadas pelo filtro político dos Paula em Cruz Alta. Mesmo quando vai a Porto Alegre por motivos profissionais, é tratado com frieza pelos correligionários. Imagina retomar a militância política através da publicação de artigos para a imprensa.

Envia à redação de *A Federação* um texto intitulado *O apocalipse de Ruy Barbosa*, a respeito do discurso do senador baiano que, após nova derrota nas eleições presidenciais, conclamou as forças armadas a intervirem para uma reforma da Constituição: "*O Ruy apocalítico; o Ruy patético; o Ruy ao lado do marechal Hermes para fazer com a espada do Exército a nossa Constituição não é mais aquele ídolo do povo de 1910; é o Ruy que sacrifica todo o seu passado civilista aos últimos arrancos de sua vaidade, no ocaso de sua vida política!*".

Passa-se uma semana, e o artigo é ignorado pelo órgão oficialista. Carlos o envia, então, ao jornal *A Manhã*, editado em Porto Alegre, que decide publicá-lo e obtém uma considerável repercussão entre os leitores.

Antônio Augusto Borges de Medeiros concorre ao quinto mandato de governador do Rio Grande, mas pela primeira vez desde que tomou o poder após a sangrenta revolução de 1893, o domínio absoluto do Partido Republicano corre riscos. O crescente descontentamento de uma significativa parcela dos gaúchos com a situação econômica do Estado inclui ferrenhos republicanos. Antes das eleições marcadas para novembro de 1922, a divisão se manifesta na disputa presidencial de março.

São Paulo e Minas Gerais aglutinam-se em torno da candidatura do mineiro Arthur Bernardes. Desta vez, ao contrário de anos anteriores, quando apoiou a aliança "café com leite", o caudilho gaúcho estabelece uma premissa: quer primeiro conhecer o programa governamental antes de emprestar o seu apoio. Logo adiante, Borges alia-se a Pernambuco, Rio de Janeiro e Bahia no apoio a Nilo Peçanha. Ao mesmo tempo, a oposição gaúcha anuncia a adesão a Bernardes.

Em fevereiro de 1922, Carlos se acha em Porto Alegre para tratar de questões profissionais junto ao Tribunal de Justiça, mas sabe que haverá um *meeting* em homenagem a Borges de Medeiros que, por certo, se transformará em um comício em favor de Nilo Peçanha. Dirige-se à Praça da Alfândega repleta. Do palanque, posicionado de forma discreta entre os correligionários, Borges de Medeiros o enxerga e faz um gesto para que faça um pronunciamento.

Carlos da Silveira Martins Leão é anunciado pelo mestre de cerimônias. Posiciona-se diante da massa humana e fala de improviso:

– O espetáculo comovente e majestoso deste comício toca o meu coração de homem da centelha sagrada e crepitante que incendeia os mais nobres entusiasmos cívicos de patriotismo. Todos os que estão aqui são rio-grandenses natos ou rio-grandenses de sangue e coração, pela cooperação com seu trabalho para o progresso moral e material do Rio Grande. Esta pujança e disciplina moldada pelo Partido Republicano, exemplares em toda a República, são produtos da sábia administração e da elevada orientação política deste estadista-filósofo chamado Borges de Medeiros, cujo aniversário de governo aqui se comemora.

Uma longa salva de palmas se faz ouvir na praça.

– Dizem nossos adversários que sempre apoiamos as convenções organizadas pelo senador Pinheiro Machado e agora criticamos a Convenção do Mé – comenta, em alusão ao apelido do candidato Arthur Bernardes, e arranca boas risadas do público. – Quem são eles para fazerem esta comparação? Em cada eleição, nosso saudoso Pinheiro Machado sempre reuniu todos os próceres do partido, e só depois de largos debates sobre o melhor nome a ser escolhido, conjugando os grandes interesses da pátria e da República, é que lançava a candidatura mais adequada. Ao contrário dos movimentos sorrateiros dos políticos mineiros, não o inspirava o egoísmo ou a ambição pessoal, nem suas ações se determinavam pelo espírito mesquinho do regionalismo. Tanto que, dos candidatos que ele proclamou, dois eram mineiros, Affonso Penna e Wenceslau Brás, sendo que este último foi apoiado depois de o Partido Republicano Mineiro ter vetado acintosamente a candidatura do egrégio senador gaúcho.

Uma salva de palmas endossa o discurso e motiva o orador.

– A candidatura de Arthur Bernardes, pela veia antidemocrática de sua origem, já era odiosa e antirrepublicana, mas tornou-se indigna pelos processos de corrupção adotados pelo bernardismo, que não se furta de comprar votos, consciências e jornalistas com os dinheiros dos cofres de Minas Gerais. Diariamente, assistimos à romaria de jornalistas vendilhões a Belo Horizonte, de onde retornam com, digamos assim, as "energias renovadas", a ponto de mudarem de opinião em 24 horas, como ocorreu com o diretor do jornal *O Combate*.

A eloquência de suas palavras contamina a plateia, que reage com gritos de aclamação. Depois de criticar o que chamou de métodos espúrios da candidatura do mineiro, Carlos chega à parte decisiva de seu discurso, com a voz firme e empolgada:

– O Rio Grande ainda não foi vencido, na paz ou na guerra, e não será no dia 1º de março. Nosso candidato, o doutor Nilo Peçanha, foi o presidente que estendeu como nenhum outro os trilhos das nossas estradas de ferro, através dos sertões. Foi um chanceler habilíssimo que levou o Brasil à guerra, mesmo com o sacrifício do nosso povo. Foi um brasileiro reconhecido pelos governos da culta Europa, um estadista de verdade. Arthur Bernardes é apenas um anônimo. Sua nefasta candidatura representa a corrupção, o suborno, a mistificação política a serviço de um sindicato de políticos profissionais que compram adesões à sua causa com dinheiros cinicamente desviados dos cofres públicos de Minas Gerais.

Espera que cessem as vaias à menção do candidato oficial e encaminha o *grand finale* de seu pronunciamento.

– Independência ou morte contra os corruptores do regime para libertar a pátria do jugo dos corrilhos, é esse o grito do Brasil republicano, tendo como chefe esse apóstolo imaculado dos ideais republicanos, Borges de Medeiros, glória e orgulho de nossa raça. Às urnas, povo! Viva Nilo Peçanha! Viva Borges de Medeiros! Viva o Rio Grande! Viva a República!

– Viva! – grita o povo, uníssono.

Encerra o pronunciamento e é efusivamente cumprimentado pelos próceres republicanos que ocupam o palanque, entre eles, seu desafeto Firmino de Paula Filho. Em meio aos elogios, os presentes abrem um vão, por onde surge a figura magra de Borges de Medeiros, com a mão estendida.

– Foste brilhante.

– Fui justo.

– Aparece para conversarmos. Não precisas marcar audiência.

Mesmo derrotado na eleição nacional, Nilo Peçanha obtém 96 mil votos dos gaúchos, contra 11 mil de Arthur Bernardes. Sua vitória anima a oposição a Borges de Medeiros a lançar um candidato, o que não ocorria há mais de 15 anos. O diplomata e estancieiro Joaquim Francisco de Assis Brasil, antigo colaborador de Júlio de Castilhos, aceita a missão de concorrer contra o candidato oficial. Ante as movimentações de seus adversários, o próprio Borges de Medeiros vacila e retarda o anúncio oficial de sua candidatura. Chega a criar uma comissão interna do PRR para avaliar a correlação de forças sobre um novo mandato.

A comissão conclui pela necessidade de um novo mandato de Borges de Medeiros, por ser o único capaz de proteger o Estado das represálias que certamente ocorrerão por parte do governo Arthur Bernardes.

As eleições de novembro ocorrem em um clima de denúncias de fraudes, pressões e ameaças de parte a parte. Somente em meados de janeiro do ano seguinte, a comissão eleitoral composta por Getúlio Vargas, Ariosto Pinto e José de Vasconcellos Pinto proclama a vitória de Borges de Medeiros para a presidência do Rio Grande do Sul, com 106.360 votos, contra 32.216 de Assis Brasil.

A reação dos assisistas não tarda. No dia marcado para a posse, 25 de janeiro de 1923, o deputado federalista Artur Caetano, partidário de Assis Brasil, inicia um levante contra o governo estadual, a partir da tomada de Passo Fundo e Carazinho, rebatizada de *Assisópolis*. Imediatamente, Borges de Medeiros designa o velho Firmino de Paula para organizar uma força composta por contingentes da Brigada

Militar e voluntários do Partido Republicano com a missão de sufocar o movimento rebelde e restabelecer a ordem na região serrana.

Ao tomar conhecimento, Carlos diz à esposa:

– Vou me alistar.

Com Maria da Glória, segunda filha do casal, no colo, Arminda tem um sobressalto. Olha incrédula para o marido.

– Vais me deixar viúva com duas crianças pequenas para criar?

– Você me conhece. Existem momentos em que um homem precisa tomar decisões.

– Adianta dizer que vou sofrer, que vou ficar com o coração na mão?

– Prometo me cuidar – é o que consegue dizer, antes que ela caia no choro.

Dirige-se à casa do general Firmino. O caudilho estranha, mas se contém, quando Carlos explica o motivo da visita.

– Queira entrar, doutor Silveira Martins. Antes de tratarmos de seu alistamento, precisamos ter uma *conversita* séria. Não esqueci, de forma alguma, as ofensas dirigidas pelo senhor à minha pessoa.

– Lembro, general, que de toda essa disputa, fui eu o mais prejudicado. Portanto...

– Espera, deixa eu falar. Ao contrário do que o senhor escreveu naquele nefasto artigo, não *tomei de assalto* as posições que ocupei em Cruz Alta. Só vim para cá para atender pedidos dos meus amigos Júlio de Castilhos e Borges de Medeiros, e em prejuízo aos negócios que mantinha em São Paulo. Fui chamado para substituir o antigo chefe de Polícia, o coronel João Gabriel, um homem que há mais de quarenta anos era senhor absoluto dos destinos de Cruz Alta, envolvido em negociatas vergonhosas com terras alheias, completamente desmoralizado. Cumpri minha missão. Nunca entrei em conchavos e negociatas para me locupletar. Jamais me adonei de nenhum terreno público e, *le* digo, seria fácil conseguir muitas léguas de terras avulsas. Desafio quem venha me desmentir. Essa é, em resumo, a minha história que o senhor tentou avacalhar.

– O senhor me acusa de difamá-lo, general. Pois a mim não tentaram apenas me difamar. Acabaram com minha carreira e, mais do que isso, atentaram contra a minha vida mais de uma vez.

– Não tive nada a ver...

– Espere! Eu lhe ouvi com respeito. Peço que o senhor aja da mesma forma. Ninguém saiu mais prejudicado do que eu, que fui forçado a abrir mão de uma carreira de promotor, ambicionada por muitos. E o que fiz, para ser destratado? Procurei cumprir as exigências do cargo e, do ponto de vista partidário, seguir as orientações no nosso chefe Borges de Medeiros. Devido às perseguições que sofri, general, perdi tudo. Tive que recomeçar do zero. Recuperei minha dignidade e hoje, se tenho uma banca concorrida, foi graças ao meu esforço, apesar da hostilidade das "forças vivas" que dominam a política local.

– O senhor está sendo insolente!

– Provei que é possível viver com honra e dignidade em Cruz Alta sem beneplácito dos Firmino de Paula. Nunca me curvei e não será agora. Agora, em nome do respeito que dedico à figura de nosso grande líder, me sujeitei a procurá-lo porque julgo meu dever participar desta luta em defesa das nossas ideias.

Firmino adota um tom apaziguador.

– Pois bem, seu Carlos. O que nos une é a urgência de defendermos nosso líder Borges de Medeiros. Acredito que seja um bom motivo para sublimarmos nossas desavenças.

– Estou aqui para me alistar no batalhão dos "provisórios" e lhe garanto lealdade às ordens de comando.

– Pois que seja! Não é hora de alimentar picuinhas. Precisamos de homens valentes e comprometidos com a nossa causa.

Para sua surpresa, recebe o posto de capitão dos provisórios, com a responsabilidade de repassar as ordens de comando às tropas e realizar a ligação com o governo do Estado. Na noite do dia 28, a força comandada por Firmino parte da estação férrea em quatro trens, que transportam soldados da Brigada Militar, voluntários, operários com a função de reconstruir trilhos de trem e linhas de transmissão telegráfica que teriam sido danificados pelos rebeldes, e mais cavalos, mantimentos e reses para alimentar a tropa. Ao todo, o general conseguiu reunir em torno de mil e quinhentos combatentes.

O comboio segue lento na direção de Passo Fundo, precedido de uma pequena patrulha a cavalo que examina a situação da estrada de ferro. Já amanhece quando a força do general Firmino tem sua primeira escaramuça, ao se deparar com rebeldes acampados junto à caixa d'água da localidade de Campina. Trava-se um tiroteio desigual, pois os soldados da Brigada acionam suas metralhadoras Hotkiss – em inglês, *beijo quente* – contra as espingardas dos adversários, que se dispersam, depois de esvaziarem o reservatório de água.

Nas cercanias de Passo Fundo, as tropas legalistas ficam sabendo que os revoltosos deixaram o município e montaram sua base em Carazinho. Artur Caetano teria tomado o trem para São Paulo, com o objetivo de fazer o reclame da revolução e conseguir apoios contra o governo de Borges de Medeiros, deixando no comando de sua tropa o general João Rodrigues Menna Barreto.

O comboio percorre os 50 quilômetros que separam as duas cidades. Montam acampamento sobre uma coxilha e se preparam para o que deve ser um grande conflito contra os assisistas. Durante dois dias, os oficiais da Brigada promovem instruções de tiro e técnicas de combate aos provisórios. Às vésperas de completar 80 anos, o general Firmino passa o tempo todo sentado diante de sua barraca de campanha definindo com seus três capitães a estratégia para tomar a cidade. Carlos ouve as orientações e se mostra excitado com a possibilidade de entrar em combate, embora sinta uma ponta de remorso em relação a Arminda se algo lhe acontecer.

Na manhã do dia 31, os legalistas cercam as entradas da cidade e se aproximam silenciosamente, sem, contudo, encontrarem qualquer reação. São informados de que, após um festival de saques, os rebeldes, liderados agora pelo general, escapuliram rumo ao Norte. Carlos é encarregado pelo general Firmino de ouvir as vítimas das pilhagens. Ao final do dia, faz o inventário dos prejuízos: cinco automóveis, um caminhão, 15 contos de réis levados da principal casa comercial da cidade, drogas e remédios roubados das farmácias da cidade. Quatro colonos declaram que, durante a fuga, os sediciosos lhes tomaram dinheiro e animais.

Na noite de 19 de fevereiro, Carlos ingressa sem bater no gabinete do presidente do Estado Borges de Medeiros. Este o recebe com um muxoxo de contrariedade e aponta para a cadeira diante dele.

– Imagino que vieste em nome do Firmino.

– Entramos em uma fase decisiva da luta que exige decisões imediatas. Por enquanto, dispersamos as tropas do Artur Caetano, mas o general Menna Barreto ainda pode nos fazer um estrago. Temos que detê-lo imediatamente.

— Meu caro, eles não têm força para nos derrotar. Querem, isso sim, prolongar ao máximo o confronto para justificar o pedido de intervenção no Estado. O Assis Brasil está lá, enchendo os ouvidos do Bernardes, dando a entender que o Rio Grande se encontra em guerra, quando na verdade ficam fazendo esses movimentos de gato e rato, trocando de lugar, evitando o conflito direto, pois sabem que serão aniquilados. Por isso é preciso acabar de vez com essa lenga-lenga. Já cobrei do Firmino. Precisamos derrotar o Menna Barreto sem demora, porque os assisistas já estão se assanhando na fronteira.

— Não é tão fácil, doutor Borges. Sabemos com segurança que ele já reuniu no mínimo dois mil homens bem montados e bem alimentados, pois em suas pilhagens arrebanharam muitos cavalos e gado nas propriedades da região. Fala-se que abatem de sessenta a setenta reses por dia. Dispomos de mil e quinhentos homens, sendo que somente 550 são das forças regulares. Os demais são cidadãos voluntariosos, mas sem o devido preparo. Portanto, estamos em minoria, embora melhor armados. Vim até aqui trazer um apelo do general Firmino. Precisamos de mais homens, doutor Borges.

— Veja que nosso orçamento está se extinguindo.

— Como lhe disse, doutor Borges, estamos em um momento crucial. Se o Menna Barreto consolidar a sua posição, a coisa vai mudar de figura. Com todo o respeito, não podemos vacilar um único segundo.

— De quantos provisórios vocês precisam?

— O ideal seria dobrar as nossas forças.

— Mais mil e quinhentos provisórios? — assusta-se Borges de Medeiros. — Fora de questão.

— No mínimo mais quinhentos, para ficarmos de igual para igual. Aí, o poderio do nosso armamento vai se impor.

Pelo nosso plano, com os reforços autorizados, em três ou quatro dias iremos ao encontro do general Menna Barreto. Se formos bem-sucedidos, imaginamos que ele fugirá para o município de Palmeira, e nesse momento poderemos derrotá-lo.

– Pois bem. Diga ao Firmino que quinhentos homens é o limite. E tratem de resolver essa pendenga de uma vez.

Transcorrem várias semanas. As tropas do general Firmino mantêm-se acampadas, mas não conseguem mais encontrar o grupo de Menna Barreto. Para Carlos, o ócio torna-se inquietante. Várias vezes consegue folga para cuidar de processos do escritório e passar dias com Arminda e as crianças.

– É uma revolução estranha, não há confronto, parece um jogo de xadrez no qual ninguém come o peão de ninguém.

– Melhor assim – ela comenta.

Sua última oportunidade de participar de um combate será em abril, quando recebe ordens do general Firmino para defender Soledade, em função dos boatos de que o coronel federalista Felipe Portinho pretendia tomar a cidade. Pode, então, saborear uma revanche contra seus antigos desafetos, ao desfilar a cavalo pelas ruas centrais, comandando uma tropa de 200 homens. No entanto, trata-se de um novo despiste.

Em junho, adoentado, Firmino extingue sua força legalista, já desfalcada por deserções, abandonos e falta de serventia, já que os rebeldes abandonaram a região. Carlos pede baixa de seu cargo de capitão dos provisórios. Sai um tanto frustrado da revolução, mas com a perspectiva de enriquecer, pois recebe de Borges de Medeiros a tarefa de inventariar os prejuízos materiais sofridos pelos moradores de toda a região e acionar judicialmente os líderes federalistas para ressarci-los.

A partir da metade do ano, a Revolução Federalista adquire cores mais sangrentas, em violentos combates travados no Nordeste do Estado, na região de Pelotas e na fronteira, até que o presidente Arthur Bernardes envia a Porto Alegre o ministro da Guerra, Setembrino de Carvalho, com a missão de apaziguar chimangos e maragatos. Seu discurso do mezanino do Grand Hotel, no início de novembro, precede um surpreendente tiroteio em plena Rua da Praia, ao fim do qual todos concluem que o conflito deve terminar. O tratado de paz é assinado no castelo de Pedras Brancas, de propriedade de Assis Brasil. Um dos pontos principais do acordo impede Borges de Medeiros de se candidatar à reeleição no pleito marcado para 1927.

O convite parte do próprio Borges de Medeiros e lhe é transmitido pelo general Firmino de Paula. O partido oficialmente gostaria de ter Silveira Martins Leão como candidato à Assembleia de Representantes.

– Com o meu apoio, estará eleito – garante o velho líder.

O projeto encontra uma tênue oposição em Arminda, pois significa que ela e os dois filhos pequenos ficarão longe dele durante os dias da semana. O pai dela, o coronel Eusébio, a consola:

– Não adianta, minha filha. Teu marido nasceu para isso. E te prepara. É apenas o começo de uma longa carreira na política.

No dia 25 de fevereiro de 1925, Carlos é o mais votado entre os quatro candidatos da região do 4º Distrito à Assembleia, somando 15.859 votos. A pacificação entre ele e a família Paula torna-se pública na festa de aniversário de Firmino Filho, uma semana após as eleições. De manhã, a comissão organizadora dirige-se à casa do ex-intendente e lhe presenteia com um flamante Dodge Brother 1925, como retribuição aos serviços prestados durante seus 16 anos como intendente do município.

A programação segue com um almoço na mansão que se prolonga até o meio da tarde, quando os oficiais do Corpo Auxiliar o presenteiam com uma cuia e uma bomba de chimarrão de prata. Às 9 da noite, o povo se reúne na Praça General Firmino para ouvir a banda do 19º Regimento de Caçadores, vinda de Ijuhy.

Antes da apresentação, Carlos é escalado para saudar o aniversariante.

– Fiz questão, meus senhores, de homenagear com minhas modestas palavras este valoroso homem cuja firmeza de caráter, a capacidade empreendedora e amor por esta terra transformaram Cruz Alta em uma cidade progressista e praticante dos bons valores republicanos. Olho nos semblantes dos senhores e imagino o que lhes passa pela cabeça. Sim, é verdade que tivemos nossas desavenças, às vezes, até acirradas. É importante que se diga que essas incompreensões não brotaram no terreno obscuro da covardia ou da deslealdade. Mas, isto sim, fruto da franqueza, do embate honesto, da esgrima de ideias. Deste terreno árduo, mas fecundo, nasceu entre nós o respeito mútuo, que nos permitiu a ambos apararmos as arestas pontiagudas da incomplacência. Eu, que o critiquei de forma às vezes contundente ao aqui chegar, hoje tenho a leveza de espírito, compromisso moral e obrigação com a minha consciência de aplaudir sua grande obra, que permanecerá vívida e onipresente no coração dos cruz-altenses por muitas gerações.

Ao encerrar, recebe um caloroso abraço de Firmino Filho, que o conduz ao interior do casarão para a reunião dançante.

Em poucos meses, Carlos torna-se um astro fulgurante da bancada situacionista na Assembleia, da qual fazem parte João Neves da Fontoura, o ex-intendente de Porto Alegre José Montaury e seu antigo desafeto, agora amigo, Firmino de Paula Filho. Sua verve para o debate, temperada de veemência e ironia, direciona-se de preferência ao líder das oposições Joaquim Francisco de Assis Brasil, exilado no Uruguai, após uma nova tentativa de levante contra o governo. Em um dos discursos, chama Assis Brasil de "sociólogo *manqué* e revolucionário *ratée*". Seus embates verborrágicos têm, como contraponto, o deputado pelotense Simões Lopes Filho.

Na nova condição, passa a semana em Porto Alegre, hospedado no Grand Hotel, e retorna a Cruz Alta no trem noturno das sextas-feiras para reencontrar Arminda e os filhos Paulo de Tarso e Maria da Glória durante os fins de semana. A solidão na capital e as novas amizades conquistadas entre políticos e intelectuais o conduzem, irremediavelmente, ao Clube dos Caçadores, a sofisticada casa noturna situada na Rua Andrade Neves, com suas salas de jogos, serviço de bar, salas discretas para os que não querem ser vistos e um anfiteatro com um palco central, onde se apresentam artistas de várias partes do mundo.

Ali, encontra-se com Getúlio Vargas, Maurício Cardoso, Flores da Cunha, Osvaldo Aranha para jogar bacará e conversar sobre política. Por vezes, abusa nos *drinks* e torna-se presa fácil para o duende da lascívia, terminando a noite em um dos quartos do clube, nos braços de alguma das belas acompanhantes da casa, rompendo um longo ciclo de fidelidade à esposa.

No inverno de 1926, Arminda é pega de surpresa com uma proposta do marido. Há dez anos, Carlos não vai ao Rio de Janeiro. Soube por cartas ou telegramas dos casamentos das irmãs Marina e Gasparina e das mortes do pai e do irmão Mario, este abatido pela gripe espanhola. Por correspondência, informou à mãe de suas desventuras em terras gaúchas, evitando os episódios mais bizarros, do casamento com Arminda e dos nascimentos de Paulo de Tarso e Maria da Glória.

No início de agosto, a família toda viajará ao Rio de Janeiro para conhecer a mãe e os irmãos de Carlos, cumprindo uma promessa que fez quando eram recém-casados. São quatro dias de viagem até o Javary ancorar no porto do Rio de Janeiro. A paisagem inconfundível do Corcovado se descortina diante deles como uma miragem.

Dona Adelaide os recebe no portão de ferro da mansão de Botafogo

– Me dá um beijo, filho ingrato. Onde já se viu? Dez anos sem visitar a própria mãe.

– Mas agora estou aqui, mamãe, com a Arminda, o Paulo de Tarso e a Maria da Glória – ele aponta um a um da nova família.

Durante duas semanas, Carlos passeia pelo Rio de Janeiro. Leva a família para conhecer os lugares mais característicos: o teleférico do Pão de Açúcar, Copacabana. Às noites, leva Arminda aos cinemas, teatros, restaurantes e saraus musicais. Guarda a última noite antes do regresso para um jantar a dois no Café Lallet, que costumava frequentar aos fins de tarde, integrando o seleto grupo de Pinheiro Machado.

O Lallet mantém o requinte, com seu imenso salão repleto de mesas de mármore e cadeiras forradas, as cristaleiras exibindo coleções de peças de porcelana e as paredes decoradas com afrescos em relevo mostrando cenas campestres. Ao fundo, junto a um enorme megafone que distribui uma música suave, as tradicionais guloseimas da casa estão à mostra em balcões refrigerados. Do teto, as luzes que emanam de uma profusão de lustres compostos de pequenas lamparinas refletem nos cristais e na prataria produzindo uma luminosidade incomum.

Carlos pede ao garçom uma garrafa de *champagne* e abre um sorriso para Arminda.

– E então?

– Tudo é uma maravilha.

– Te acostumarias a viver na "Cidade Maravilhosa"?

– É uma pergunta retórica?

– Depende da resposta.

– Nunca pensei nisso, seria fantástico, mas... O que tu andas aprontando?

Carlos ergue um brinde. Toma um longo gole de *champagne* e revela a razão da viagem familiar ao Rio:

– Fui convidado para concorrer à Câmara Federal no ano que vem.

– Uau! – assusta-se Arminda. – Deputado federal?

– Mas desta vez só aceito se você concordar.

Arminda balança os ombros com alguma excitação.

– Será que as crianças se habituariam?

Carlos considera a pergunta uma forma de aceitação:

— Estou certo que sim — e ergue um brinde: — Ao Rio de Janeiro!

A o final da última sessão da Assembleia dos Representantes de outubro, o deputado Carlos da Silveira Martins Leão deixa-se levar pelo impulso e resolve tirar satisfação de seu desafeto preferido, o liberal Simões Lopes Filho, que, na véspera, referiu-se a ele pelo apelido de *jazzband*, na sua ausência. Àquela hora, Carlos proferia uma aula pública aos acadêmicos na Praça da Matriz sobre os símbolos positivistas contidos no monumento a Júlio de Castilhos e só ficou sabendo do deboche ao ler os jornais da sexta-feira.

Guarda o troco para o final da última sessão da semana. Os parlamentares já levantam e recolhem seus papéis quando ele pede a palavra para uma explicação pessoal, e a faz com sua refinada ironia:

— Ausente que estive nesta casa, na sessão de quinta-feira, li hoje nos jornais meu nome referido de forma incivil e descortês por um nobre representante da oposição assisista nesta casa. Este colega, detentor de um mandato político, o qual, portanto, tem acesso à tribuna mais alta do Estado, deveria usá-la com a investidura moral e a elevação pessoal decorrente da insigne representação, mas não o fez. Assim, ocupo esta tribuna para, evitando tocar a estridente pancadaria do *jazzband* parlamentar, cumprir o meu dever.

Simões Lopes Filho interrompe sem autorização do orador.

— É preciso esclarecer um ponto. Quem tem a alcunha de *jazzband* é justamente o deputado Silveira Martins Leão. Não fui eu que a criei.

– Esta é a razão da minha presença nesta tribuna. Se bem que eu não valha mais do que nenhum dos demais representantes desta casa, é muito difícil ouvir que, na minha ausência, se tentasse promover o ridículo em torno da minha pessoa, sem que eu dê o devido troco. No entanto, se a minha humilde inteligência tem algum mérito é o de não levar o debate para o terreno do revide pelo ridículo e pela pilhéria. Caso contrário, traria a esta casa os apelidos atribuídos a Vossa Excelência lá fora, pelos seus inimigos ou desafetos.

A troca de ironias e provocações estende-se por mais de uma hora. Quando se dá conta do horário, Carlos percebe que não conseguirá tomar o trem das seis e meia, que o deixaria em Cruz Alta por volta da meia-noite. Resta-lhe enviar um telegrama à mulher avisando que ficara retido na capital e seguir no trem da uma e meia da tarde de sábado.

V.

EDUARDO E SEUS DEMÔNIOS

A primeira filha de Dallila e Eduardo nasce no dia 19 de setembro de 1920 e recebe o nome de Aldara, personagem de uma lenda portuguesa que a mãe tomou conhecimento através de um poema de Almeida Garret. Quando Raphael Vieira da Cunha e Carolina põem os olhos na neta recém-nascida dizem ao mesmo tempo:
– É a Dallila escrita!
Encantado com a neta, José Pereira da Costa aproveita o júbilo familiar para fazer um anúncio solene. Comunica que está se aposentando definitivamente e que transfere a maioria de suas ações da joalheria ao controle do filho, que passará a administrar o negócio.
 Tudo corre às mil maravilhas na casa da Rua Demétrio Ribeiro, até o malfadado dia em que ele encontra a primeira carta na caixa de correspondência acoplada ao portão da residência. O envelope tem seu nome datilografado como destinatário e o espaço do remetente em branco.

Prezado Eduardo:
Como amigo, me julgo no direito de alertá-lo sobre um fato gravíssimo que certamente não é de seu conhecimento, pois, se

fosse, já teria tomado providências. Tenho provas cabais de que sua esposa não lhe tem sido fiel e se aproveita de sua boa-fé para conspurcar o lar em que vivem. Estou certo que saberás adotar as providências cabíveis.

Um amigo.

A princípio, julga disparatado o conteúdo da carta, pois vive com Dallila um matrimônio pleno de afeto e cumplicidade. Essa calúnia só pode ser obra de algum invejoso motivado pela insídia ou má-fé. Especula quem seria o autor de tal intriga. Talvez os irmãos Lopes, querendo vingar-se do episódio ocorrido no fim da linha do bonde Menino Deus. Ou então os colegas que fizeram a brincadeira com o nome de Dallila na festa de formatura.

Com o passar do tempo, a curiosidade quanto à autoria vai ficando em segundo plano. Sua preocupação transfere-se ao conteúdo da carta apócrifa, a qual instalou nele a chaga da dúvida. E se a acusação tiver algum fundamento? A desconfiança que aquelas palavras produziram em sua mente cresce contra a sua vontade. Não pode ser verdade! Dallila nunca deu margem para qualquer tipo de suspeita. O carinho desvelado com que ela o trata desafia qualquer acusação em contrário. Mas talvez seja ele que não esteve atento o suficiente. Tenta ignorar, mas as letras da carta o torturam.

Nos dias seguintes, passa a observar o comportamento da esposa, buscando em seus mínimos gestos algum sinal que dê veracidade às insinuações contidas na carta. Dallila mantém-se a mesma moça alegre e amorosa. O bom senso o orienta a esquecer a acusação, possivelmente industriada por algum desafeto, invejoso de seu sucesso nos negócios, nas atividades esportivas ou mesmo no casamento. Contudo, não consegue se desvencilhar dos maus pensamentos que preenchem a sua mente. Dentro dele vai se formando a convicção de que deve fazer um teste, mesmo sabendo que correrá o risco de estar magoando a esposa no aspecto mais sagrado, a sua honra.

Decide mostrar a carta a Dallila e ficar atento à sua reação. Se for culpada, será impossível que não se deixe trair. Um gesto, um sobressalto, um estremecimento serão suficientes para que ele possa averiguar a veracidade ou não da acusação. Ao retornar do trabalho, Eduardo coloca a carta sobre a mesa da sala e a aponta com os olhos. Dallila estranha. Abre o envelope e lê.

– O que é isso?

– Recebi há alguns dias.

Ela volta a ler a carta. Depois, encara o marido com um semblante compungido.

– E acreditaste?

Eduardo dá de ombros:

– Deveria acreditar?

– Acreditaste numa infâmia de alguém que se esconde no anonimato para me difamar? Isso aqui – ela sacode a carta – é mais importante do que os anos de afeto e veneração que te dediquei?

– Não estou dizendo que acredito.

Dallila refugia-se em seu quarto, desmanchada em lágrimas.

A mágoa profunda de esposa custa vários dias para se dissipar. Eduardo chega a se envergonhar da sua desconfiança. Pede mil desculpas, lhe traz presentes diários e jura amor eterno. Vencida sua primeira rusga matrimonial, os dois retomam os dias felizes dos primeiros tempos. Julga ali que aprendeu uma lição para o resto da vida. Possui uma esposa linda e apaixonada e não permitirá que a felicidade deles seja sabotada por ações infames de quem quer que seja.

Passam-se duas semanas e seu sossego é outra vez abalado quando uma nova carta com a mesma caligrafia aparece na caixa de correspondências.

Prezado:
Compreendo que não tenhas dado a devida atenção ao primeiro aviso. Mas perseverei no intento de abrir teus olhos ante a grave situação existente no teu lar. Por ora, vou te apontar os endereços onde a tua esposa costuma encontrar com seus amantes em suas escapadas vespertinas. São dois pardieiros, um na Rua Bento Martins, 348 e outro na Rua Voluntários da Pátria, 45. Se decidires verificar, te dou um conselho: vai prevenido.
Um amigo.

Desta feita, não comete o erro de mostrar a nova carta a Dallila. Espera até quinta-feira, o dia que Dallila costuma ir às compras. À tarde, diz aos funcionários que precisa dar uma saída. Segue pela Rua da Praia, desce a Bragança e caminha até a esquina com a Rua Voluntários da Pátria, onde se localiza a loja Tabak. Dobra à direita e procura o número 45. Encontra uma porta com uma longa escadaria que termina em um balcão, atendido por uma mulher obesa de aspecto vulgar:

– Sozinho? – ela estranha.

– Eu só quero conhecer o local.

– É da Polícia?

– Estou procurando uma mulher.

– Não temos. Isso é uma casa de encontros, não um bordel. Os homens já chegam acompanhados.

– Na verdade, procuro a minha esposa – diz, mas logo se arrepende.

A mulher obesa o olha com malícia.

– Veio dar um flagrante?

– Escuta aqui – ele se irrita. – Recebi uma informação de que minha esposa está aqui, me traindo.

Retira do bolso uma fotografia de Dallila e mostra a ela.

– Não sei... Elas chegam aqui escondendo o rosto.

A esta altura, Eduardo é presa fácil para o desatino.

– Acho que a senhora está escondendo algo. Tem algum casal aqui?

A mulher assusta-se.

– Só um, mas não sei se é ela.

– Onde?

A funcionária da espelunca indica o único quarto com a porta fechada entre os quatro do corredor. Eduardo dirige-se a ele já procurando o revólver no coldre. Arromba a porta com o ombro e encontra um casal completamente nu sobre a cama. Ao verem o intruso de arma na mão, os dois se abraçam, apavorados. Aproxima-se deles com a arma apontada até se certificar de que a mulher não é Dallila.

Mesmo envergonhado com o seu comportamento, Eduardo não consegue livrar-se do domínio pela suspeita. Na quinta-feira seguinte, repete a mesma cena no pardieiro da Rua Bento Martins. Desta vez, o homem flagrado com a amante resolve encarar o intruso e os dois se engalfinham em luta corporal, que rende a Eduardo um novo fracasso e um olho roxo.

Ao chegar em casa, Dallila repara o ferimento.

– O que houve, Eduardo? – ela pergunta, assustada.

Ele tinha uma desculpa pronta, diria que sofreu uma tentativa de assalto. Na hora, no entanto, não diz nada. Apenas mostra o bilhete à esposa.

Novas cartas começam a aparecer, mencionando supostos amantes de Dallila. Mal tem tempo de averiguar uma acusação e já surge outra. Por vezes, chegavam cinco ou seis por mês, algumas trazendo mais de um nome. Cada vez que mostra uma nova carta a Dallila, repete-se a cena. Ela chora, soluça, jura fidelidade e tenta convencê-lo a não dar atenção às acusações. As cartas continuam a chegar, mas Eduardo deixa de mostrá-las. Tenta se convencer de que são obra de algum desafeto que recorre a mentiras para sabotar sua felicidade. Ao mesmo tempo decide que, para readquirir paz de espírito, precisa ter provas definitivas da honestidade ou da traição de Dallila.

Embora escritas com a mesma caligrafia e assinadas por "um amigo", as cartas são contraditórias entre si quanto aos nomes de supostos amantes de Dallila. Por vezes, passam alguns meses sem que apareça uma nova carta, o que deveria lhe trazer paz, mas Eduardo já está condicionado a recebê-las, de forma que chega a sentir a falta delas durante os intervalos. De repente, reaparecem de enxurrada.

Não consegue trabalhar. Um dia, destrata um cliente simplesmente por ter enviado recomendações a Dallila de uma forma que considerou demasiado gentil; noutro, ameaça de demissão um funcionário da joalheria por ter trocado algumas palavras com a esposa à sua frente. A todo momento, inventa desculpas para se ausentar da joalheria, alegando visita a fornecedores, competições esportivas ou exames médicos, para perseguir a esposa em seus passeios pelo Centro ou monitorar alguns dos homens mencionados nas cartas, sem resultado.

Evita manter relações íntimas com a esposa, pois recorda dos primeiros tempos, do seu comportamento sexual arrojado, e tortura-se imaginando que ela esteja agindo da mesma forma com outros homens.

Decide desabafar com o amigo Pepito Cuervo. Durante um almoço no Restaurante Ghilosso, relata o drama que as cartas produziram em sua relação com a esposa. Pepito minimiza:

– Deixa de bobagem. Dallila é apaixonada por ti, Costinha. Poderia ter casado com qualquer outro, mas escolheu a ti.

– Mas as cartas...

– Certamente é obra de algum invejoso que gostaria de estar no teu lugar.

– Eu *sinto* os olhares de zombaria quando ando nas ruas, os fuxicos. Parece que todo mundo sabe da minha condição de marido traído.

– É fantasia da tua cabeça. Estou sempre contigo e nunca presenciei nada parecido.

– Mas *eu* noto. No início, quando eu mostrava as cartas, ela chorava, ficava abalada, jurava inocência. Agora, nem se dá ao trabalho de comentar. Faz de conta que aquilo não significa nada.

As pessoas mais próximas à mesa começam a prestar atenção na conversa. Pepito percebe e pede discrição ao amigo.

– Talvez não signifique mesmo.

– Não adianta, Pepito. No fundo, estou dominado pela desconfiança de que Dallila me trai e nada me fará mudar de ideia.

Nota, então, que o restaurante está em silêncio e sua última frase ecoou por todo o salão.

Torna-se um marido amuado, que exibe um mau humor permanente até na relação com a pequena Aldara. Discute com Dallila por qualquer assunto insignificante. Ela não se abate e passa a chamá-lo de *Dom Casmurro*.

– Deverias ler o livro para aprender como o ciúme doentio arrebenta a vida de uma pessoa – ela diz.

O humor dela aumenta o seu desespero. Certa madrugada, o doutor Guerra Blessmann é chamado às pressas. Eduardo padece de uma dor estomacal lancinante que lhe arranca gemidos e provoca sangramento. Depois de examiná-lo, o médico informa a Dallila.

– Não encontrei nada de mais grave. Provavelmente, está sofrendo algum aborrecimento sério. Na maioria das vezes, percalços financeiros, adversidades nos negócios ou dissabores conjugais, o que certamente não é o caso, afetam o aparelho digestivo. Por enquanto, não é nada demais, porém é preciso atenção, pois pode se agravar e produzir uma gastrite ou uma úlcera. A princípio, recomendo repouso e vou receitar alguns analgésicos, mas é preciso que ele não se abale tanto com as vicissitudes profissionais.

Dallila passa os dias seguintes cuidando do marido acamado. Ela mesma prepara chás e sopas, cuida dos horários dos remédios e permanece à cabeceira da cama, enquanto ele convalesce.

Passam-se duas semanas e surge uma nova carta.

Prezado:
Estou notando que preciso ser mais específico nos alertas que tenho te enviado, caso contrário te conservarás nesta inércia. Pois bem. Há 15 dias, mais precisamente em 24 de agosto, uma quinta-feira, às quatro horas e dez minutos da tarde, sua esposa, em companhia de um conhecido advogado desta praça, ingressava discretamente em uma pensão da Rua Riachuelo, onde permaneceu até às seis horas. Os pombinhos foram vistos

por vários cidadãos de bem, de forma que não estranhes os olhares de escárnio que te dirigem.
Um amigo.

Eduardo não se controla. Chega em casa encolerizado e joga a carta na direção de Dallila. Tranquilamente, ela coloca o livro que está lendo de lado, passa os olhos no texto, volta-se para Eduardo e diz:

– Neste dia, casualmente, aliás, não casualmente, eu estava sentada ao lado da nossa cama, cuidando da tua saúde, abalada pela insanidade que essas cartas representam. Aceito um pedido de desculpas.

Para não enlouquecer, Eduardo decide não mais abrir as cartas, como uma espécie de trégua consigo mesmo e com a esposa. Cada uma que chega, Eduardo a queima no cinzeiro da sala e faz isso na presença de Dallila, como a dizer que elas não mais irão interferir na vida do casal. Entretanto, sua fisionomia ressentida ao realizar o ritual desmente a simbologia que pretende dar ao gesto.

Subitamente, as cartas desaparecem, o que, a princípio, causa uma inquietação em Eduardo. Diariamente, confere a caixa de correspondência, estranha o sumiço, mas aos poucos se acostuma à falta delas. O fim dos sobressaltos realimenta o amor do casal, celebrado com o nascimento de Thomaz, duas semanas depois de Aldara completar três anos.

Eduardo volta a sorrir. É outra vez um marido exemplar e um pai afetuoso com os filhos. A calmaria, contudo, não irá durar muito tempo.

Clara muda-se de Pelotas para Porto Alegre e, desde então, seus frequentes convites para sair com Dallila afetam o humor de Eduardo. Um dia, a chama para um *footing* pelas da Rua da Praia até o Café Colombo; outro para tomar um sorvete na Confeitaria Rocco, ou ainda para uma sessão vesperal de cinema. Ele acredita que uma desquitada não é boa companhia para uma mulher honesta, mesmo que seja sua irmã. Na sua visão, quando a mulher se separa, torna-se desfrutável aos olhos dos homens e atrai para si pensamentos pecaminosos, os quais, por consequência, se estendem a quem a acompanha.

Dallila não dá ouvidos às alegações do marido:

– É minha irmã, uma pessoa honesta que não pode ser julgada por ter saído de um casamento infeliz.

Depois de muito tempo, justo no dia em que Dallila e Eduardo celebram oito anos de casados, aparece uma nova carta. Ele a lê durante a recepção de acepipes e espumantes providenciada pela esposa para reunir a família.

Prezado:
Vi dona Dallila passeando com os filhos. Uma cena tocante. A menina é a cara da mãe. Quanto ao menino, pensei com meus botões:
– Com quem ele é parecido? Com o Costinha que não é.
Um amigo.

Desatinado, Eduardo procura por Thomaz, que engatinha pela casa brincando com a irmã e os primos. Com um movimento brusco, levanta o filho pelos braços e olha fixamente para seu rosto, os olhos, o nariz, a boca, os cabelos. Procura encontrar em seus traços alguma pista reveladora sobre algum eventual amante da esposa. Thomaz abre um berreiro.

Dallila o resgata das mãos do marido.

– Está machucando o menino! Ficou louco?
Eduardo passa o resto da tarde caminhando em silêncio entre os convidados, sob o olhar assustado de Dallila. Ao fim da festa, pergunta à mãe, dona Baldumira.
– Mamãe, achas o Thomaz parecido comigo?
– Dá os ares – ela responde, sem muita convicção.

As cartas voltam a martirizar a mente de Eduardo, às vezes duas ou três por semana. Relacionam uma profusão de nomes dos supostos amantes da esposa, advogados, médicos, funcionários de bancos, políticos, vizinhos, até motorneiros de bonde. Na visão de Eduardo, alguns são seres tão repugnantes que *per si* deveriam desmoralizar a acusação. Entretanto, ele tornou-se prisioneiro das cartas. As mais recentes deixam de lado o comportamento de Dallila e passam a atacá-lo pessoalmente.

Prezado:
Aguardei em vão alguma providência de tua parte sobre as frequentes traições de tua esposa. Descobri que és um frouxo, um pária fadado à desmoralização pública, que não merece sequer a comiseração dos que tentam te abrir os olhos.
Um ex-amigo.

Dallila aceita com brilho nos olhos o convite da irmã Clara para assistirem à Hora de Arte no Clube Caixeiral, com números musicais e uma palestra sobre a obra de Machado de Assis. Durante o almoço, ela convida o marido para acompanhá-las, mas ele esquiva-se de supetão. Inventa que combinou de encontrar seu amigo Pepito Cuervo no

Grand Hotel para discutirem um futuro empreendimento conjunto. A esposa recebe a recusa com um beicinho, simulando uma decepção, mas logo retoma o entusiasmo e vai ao quarto escolher uma roupa adequada para a ocasião.

Durante a tarde, Eduardo está vulnerável aos maus pensamentos. Julga que a esposa não insistiu o suficiente para que as acompanhasse na programação noturna. Talvez tenha preferido que ele não aceitasse. Então, maquina um plano. Às sete e meia de uma noite gelada e densa, veste o sobretudo e enrola a manta de lã em torno do pescoço, enquanto os funcionários começam a cerrar a porta metálica da joalheria.

A sede do Club Caixeiral situa-se na penúltima quadra da Rua da Praia, defronte à Casa Krahe e antes da subida íngreme até a Praça da Santa Casa. Em torno da porta ornamentada por duas estátuas se cumprimentando, automóveis tentam estacionar na perpendicular e forma-se um aglomerado de homens e mulheres afunilando para o interior do clube.

Ingressa no prédio, livra-se do paletó e da manta na chapelaria e ruma para o salão. Tenta não ser visto, o que é difícil para alguém com seu porte, mas o mundo da arte não chega a ser seu chão, assim não espera encontrar conhecidos. De qualquer forma, caminha vergado para frente, com o queixo encostado ao peito. Um grande público ocupa todas as cadeiras colocadas diante do pequeno palco, onde a cantora Elsa Tschoepke vocaliza algumas cantigas brasileiras, acompanhada pela pianista Graziela Mangeon. Muitos assistentes estão de pé nas laterais e ao fundo do salão. Eduardo ergue a cabeça e percorre com os olhos o mezanino, que ocupa três lados do salão, como se fosse camarotes, até certificar-se que Dallila e a irmã não estão ali.

Esgueira-se com dificuldade entre a multidão até a

escadaria e sobe ao mezanino. Devido à lotação, foi permitido que as pessoas fiquem de pé atrás dos camarotes improvisados, sem separação entre eles. Assim, pode circular junto às paredes até encontrar uma posição de onde terá uma visão privilegiada do salão, excitado pela perspectiva de vigiar a esposa sem ser visto. De acompanhar seus movimentos em um ambiente descontraído, propício a olhares e galanteios. Poderá averiguar suas reações exposta ao assédio que provavelmente irá ocorrer. No palco, Elsa Tschoepke interpreta *Coração Divinal*:

> *Nós queremos conquistar da mulher o coração divinal*
> *Nós queremos da mulher o terno amor*
> *E um olhar de piedade angelical*
> *Nós queremos conquistar da mulher o coração divinal*
> *Nós queremos esse arcanjo eternal*
> *Lá de um céu divinal*
> *Ai! Ai! Não me maltrate*
> *Ai! Ai! Não faça assim*
> *Somos meigas e formosas*
> *Como as rosas lá do teu jardim!*
> *Do teu jardim*

Passam-se mais de vinte minutos sem que Eduardo enxergue Dallila. Começa a sentir um mal-estar. Imagina que o compromisso com a irmã tenha sido em pretexto, um álibi. Estará quem sabe em outro lugar, talvez com um amante, algum dos relacionados nas cartas.

A cantora deixa o palco sob aplausos. Alguns minutos depois, o médico Mario Totta, presidente do Club Jocotó, aparece diante da plateia acompanhado de um rapaz bem jovem, alto e magro, ossos explícitos revestidos por uma pele branca e fina, a quem apresenta como o grande nome da nova geração de escritores gaúchos, com dois festejados livros de poesia, *A ilusão querida* e *Coração verde*. Anuncia que o rapaz falará sobre a visão da mulher na obra de Machado de Assis.

Eduardo está a ponto de desistir quando enxerga Dallila postando-se à frente do grupo de pé no lado oposto, como que maravilhada pela elegância do ambiente. Exibe um sorriso que não é dele. É dela mesma e dos homens que a observam, alguns de soslaio, outros de um jeito ostensivo, como querendo capturar sua atenção. Sente ciúme do sorriso de Dallila, tão franco e liberto, tão distante dele.

Augusto Meyer fala com empolgação:

– Com Machado de Assis, entramos no regime das reticências e dos recalcamentos. Nada é mais simples nele, e não há nada, no melhor de sua obra, que se entregue de braços abertos à primeira leitura. Os corredores sempre fazem cotovelos. Insular-se para ele não significa acreditar na vida interior e nas virtudes contemplativas. Meditação, oração, intuição do mistério individual. É um movimento reflexo, provocado pelo tédio de tudo, principalmente pelo ódio. Há em Machado um ódio entranhado da vida, uma incapacidade de aceitação ou mesmo de compreensão. Pois para compreender é preciso antes um motivo de compreensão e o que ele faz é resolver todas as questões suprimindo-as.

Eduardo não perde um detalhe do gestual da esposa.

– Nas obras machadianas, a sensualidade de ideias – o *libido sciendi* – é mais profunda do que a sensualidade imaginativa – o *libido sentiendi*. O conto *Uns braços* trata de um clima de erotismo entre um menino de 15 anos e a mulher de seu patrão. A sugestão erótica é a fixação do jovem personagem Inácio nos braços desnudos de dona Conceição. Escreve Machado: *Na verdade, eram belos e cheios, em harmonia com a dona, que era antes grossa que fina, e não perdiam a cor nem a maciez por viverem ao ar*. Em *Maria Cora*, a sugestão de sensualidade assim a descreve: *Quando ela falava, tinha um modo de umedecer os beiços, não sei se casual, mas gracioso e picante.*

O palestrante fixa-se no livro *Dom Casmurro* e na importância da personagem feminina.

– A presença de Capitu, desde o começo, é uma presença de bastidores, uma ubiquidade ativa, persistente, feita de golpes indiretos, de planos longamente amadurecidos e de uma astúcia que sabe apresentar-se em todas as graças da ingenuidade e da modéstia. Oblíqua, dissimulada, como aqueles olhos que só revelam um pouco de luz interior quando jogam o sério da sedução.

Eduardo ouve aquelas palavras e imagina se não é a própria Dallila que está sendo dissecada pelo escritor.

Augusto Meyer lê o trecho em que Machado narra a transmutação da menina em mulher: *"Na verdade, Capitu ia crescendo às carreiras, as formas arredondavam-se e revigoravam-se com grande intensidade; moralmente, a mesma coisa. Era mulher por dentro e por fora; mulher à direita e à esquerda; mulher por todos os lados e desde os pés à cabeça. Esse alvorecer era mais apressado agora que eu a via de dias em dias; de cada vez que vinha à casa eu a achava mais alta e mais cheia. Os olhos pareciam ter outra reflexão, a boca outro império"*.

Dallila escuta a frase e comenta algo ao ouvido de Clara. As duas riem. De que estarão rindo com tanta espontaneidade? Cada gesto da esposa lhe parece como uma pequena traição. Que ela sorria, converse, brinque com as outras pessoas nos domingos na Villa Esmeralda, nos eventos sociais, quando se encontra sob sua vigilância, faz parte da normalidade. Mas, sem ele por perto, esses gestos adquirem um sentido pecaminoso.

Augusto Meyer continua falando:

– Em *Dom Casmurro*, quem está sempre em cena é o memorialista, mas a presença de Capitu, estando em cena ou nos bastidores, é o que absorve o interesse do leitor, toma conta de toda a nossa atenção, mesmo quando a perdemos de vista. Em Capitu há um fundo vertiginoso de amoralidade que atinge as raias da inocência animal. Fêmea feita de desejo e de volúpia, de energia livre sem desfalecimentos morais. Não sabe o que seja o senso de culpa ou o pecado.

As palavras do palestrante ressoam na mente de Eduardo. Volta a observar Dallila. A certa altura, ela circula os olhos do palco à plateia. Ao erguê-los para o mezanino, enxerga o marido, abre um sorriso e dá um abaninho, mas, surpreendentemente, o rosto do marido some entre as cabeças em volta.

– Vi o Eduardo lá em cima – ela cochicha com a irmã.

– Onde? Não estou vendo nada.

Ele consegue evadir-se do clube sem ser visto. À rua, toma um auto de praça e ruma para casa. Ao chegar, Dallila encontra o marido já deitado.

– Tive a impressão de ter te visto no Caixeiral.

Eduardo finge que dorme.

A enchente de outubro agrava a depressão de Eduardo. Em suas reflexões contaminadas pela desconfiança geral, conclui que só existe uma solução para aplacar o interminável drama que se apossou de sua existência. Separar-se de Dallila. Abrir mão de tudo o que construíram juntos e dos sonhos que acalentaram. Na última sexta-feira de outubro, quando a cidade parece recuperada dos alagamentos, ele propõe o desquite.

– É um despropósito – ela reage. – Não existe nenhuma razão para isso. Nós nos amamos, temos uma família.

– Não suporto mais essa situação.

– Qual situação? Essa fantasia alimentada por cartas apócrifas de algum despeitado?

– Quero que seja por bem – Eduardo insiste. – Um desquite amigável.

– Não aceito e peço que retomes a razão antes que seja tarde.

– Vais continuar residindo aqui, com todo o conforto. Me prontifico a te dar uma mesada em dinheiro para que nada te falte. Se mantiveres uma linha de conduta impecável, eu aceito que as crianças morem contigo, pra te fazer companhia, dependendo do teu comportamento.

– Isso é uma loucura. Não concordo e não quero mais falar sobre isso. Vou esperar que retomes o tino.

Eduardo sai de casa com o firme propósito de não mais pôr os pés ali. Precisa conversar com alguém e resolve procurar o amigo Pepito Cuervo, que àquela altura deve estar no Grand Hotel, de propriedade da família. Dali, se dirigem ao bar inglês, ao fundo do hall de entrada.

– Tomei a decisão drástica. Propus o desquite.

Pepito sacode a cabeça, em discordância.

– Não aguentava mais – Eduardo insiste.

– E ela?

– Recusou. Disse que não aceita de forma alguma, mas eu estou decidido.

Durante um bom tempo, desabafa sobre o martírio em que se transformara sua vida, as cartas, as rusgas com a esposa, a dúvida cruel latejando em sua mente. Pepito sugere que o amigo reflita com mais calma. Chega a mencionar que não existem provas da infidelidade de Dallila.

– Recebes essas cartas há quantos anos, Costinha? Oito? Nesse período conseguiu alguma evidência de que as acusações são verdadeiras?

Um hóspede do Grand Hotel passa diante deles e cumprimenta Pepito, que retribui com um aceno de cabeça.

– Quem é?

– É o deputado Silveira Martins Leão, de Cruz Alta, que se hospeda aqui durante a semana. Deve ter perdido o trem noturno.

– Esse é um dos sujeitos mencionados nas cartas – diz Eduardo, começando a se alterar.

– Pelo que me contaste, metade de Porto Alegre está nas cartas, até eu. Acho que precisas de diversão para ocupar tua cabeça. Tinha me programado para assistir à estreia do Circo Cubano lá no Colyseu, que parece bem divertido. A gente dá uma boa caminhada e se distrai por um bom tempo.

Uma fila numerosa se alonga pela quadra inteira do Theatro Colyseu, junto à Praça dos Bombeiros. O cartaz ilustrado junto à porta principal relaciona as atrações do Circo Cubano: *Miss Arauki,* a mulher dos cabelos de aço; *Mister Loera,* capaz de dar cem saltos em um minuto; *Olguita,* a anã trapezista; *Luiza Alarcon,* a elegante *trocadillera; Miguel Chiuderaul,* o arrojado domador de feras; a contorcionista *Marcola Victoria* e os *clowns Fenito* e *Michelin*, mais trapezistas, músicos e uma coleção de tigres, leões, hienas, leopardos, macacos e cães amestrados.

Eduardo bem que se anima, mas quando chegam ao guichê os ingressos estão esgotados. Resta aos dois retornarem ao Centro através da Voluntários da Pátria. Eduardo aponta o prédio número 45.

– Essa aqui é uma pensão de encontros. Uma das cartas referia que Dallila costumava frequentar esse local.

– Estás alucinado.
– Um dia, peguei uma fotografia dela e mostrei à cafetina.
– Devias te envergonhar. Essa história está te tirando do sério. Vai para casa, toma um banho e descansa. Vai por mim.

Pepito retorna ao hotel. Eduardo resolve ir ao cinema. Escolhe o Guarany, que apresenta a comédia *Teu nome é mulher*. Ao iniciar o filme, percebe uma incrível semelhança entre a atriz Barbara La Marr e Dallila. A personagem é uma mulher independente, que não se deixa prender pelas convenções sociais. Começa a se sentir mal e abandona o filme antes da metade.

Caminha a esmo nas ruas do Centro, pensando em algum lugar onde possa passar a noite, pois jurou que não mais poria os pés em casa. No entanto, os passos o levam inadvertidamente para a Rua Demétrio Ribeiro. Chega em casa, abre a porta do quarto e a fresta ilumina o sono da esposa, coberta apenas com um *baby doll* de seda bege que ressalta as curvas de seu corpo. Tem uma aparência tranquila no rosto, quase sorridente, a seu ver, anacrônica diante da situação existente entre eles.

Fecha a porta e tranca-se no quarto de vestir. Acomoda-se no divã da peça e perde um bom tempo ocupando a cabeça com coisas práticas da separação, como um nome de advogado de confiança ou a divisão dos bens, até que adormece vestido.

VI.

A TRAGÉDIA DO BONDE CIRCULAR

Masson

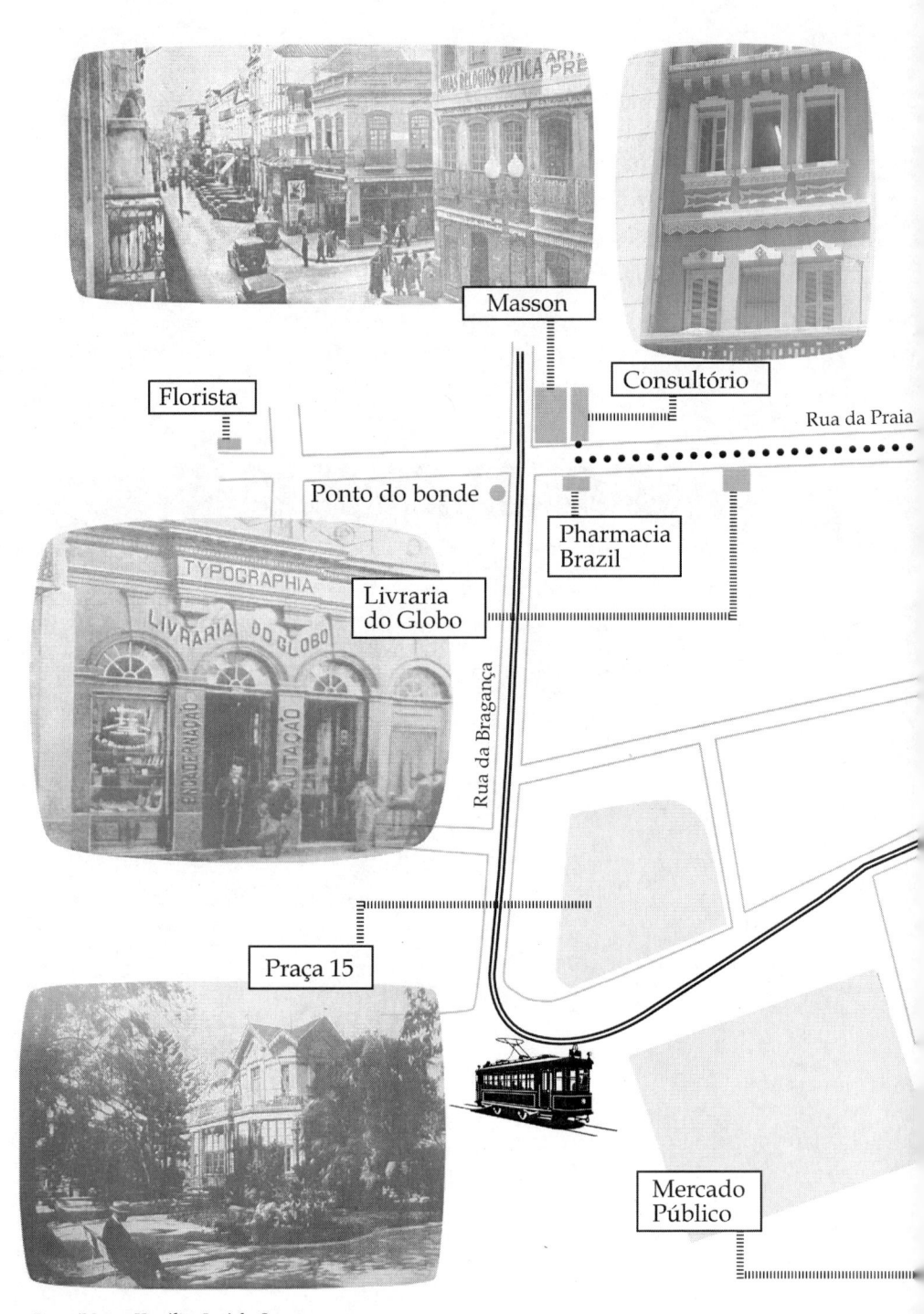

Consultório

Rua da Praia

Florista

Ponto do bonde

Pharmacia Brazil

Livraria do Globo

Rua da Bragança

Praça 15

Mercado Público

Fotos /Museu Hypólito José da Costa

PORTO ALEGRE
1926

Livraria Americana

Praça da Alfândega

Colombo

A Esmeralda

Sete de Setembro

Carris/Fim da linha

Museu Carris

Reprodução/Revista do Globo

Neste sábado ensolarado de 30 de outubro de 1926, Carlos Silveira Martins Leão deveria estar amanhecendo em Cruz Alta, junto à família. No entanto, como a sessão legislativa da véspera se prolongou além da hora, ele perdeu o trem noturno – mais tarde, esta adversidade será considerada mais uma artimanha do acaso entre as tantas que caprichosamente conduziram aquela manhã ao drástico desfecho. Ele desce à portaria do Grand Hotel. Pede ao funcionário que tome conta de sua maleta, pois virá apanhá-la antes de se dirigir à estação férrea para tomar o trem da uma e meia rumo a Cruz Alta.

Quando sai à rua, vislumbra a Praça da Alfândega radiante, com seus guapuruvus finalmente floridos, após os temporais diários que castigaram Porto Alegre desde o final de setembro e produziram a maior enchente vista até então. Foram semanas a fio de raios, ventos e trovões que pareciam não ter fim. As águas densas e ferozes do Guaíba encorpado pela chuva inundaram as costumeiras zonas alagadiças. Ao Sul, as enxurradas carregaram os parcos utensílios dos negros do Areal da Baronesa. Ao Norte, encharcaram o maquinário das indústrias dos alemães, interditaram a estação ferroviária e avariaram as usinas de eletricidade. Os bondes pararam de funcionar nas áreas baixas e as escolas suspenderam as aulas. No cais do porto, o agitado Guaíba transbordou à altura de um palmo, inutilizando os cereais estocados nos armazéns, revirou canoas e fez balançar até os navios de grande porte.

Um sol ainda tíbio apareceu na última semana de outubro, quando os alemães construíam muretas diante de suas indústrias e os negros contabilizavam o que puderam salvar da inundação. Somente neste sábado, dia 30 de outubro, é que o céu se mostra de todo desanuviado e instaura entre os habitantes da província um clima de regozijo e a vontade de sair de casa com um ânimo incomum. E parece que todos se dirigem para a Rua da Praia.

Carlos tem algumas horas a gastar antes da viagem. Depois de barbear-se na quadra dos italianos, um pouco adiante da Rua Paissandu, retorna ao fervo pela Rua da Praia até a Livraria Americana em busca de um bom livro para acompanhá-lo na viagem.

Aos poucos, a Americana perde espaço para a ascendente Livraria do Globo, para onde migram os letrados da cidade. Carlos ainda mantém sua fidelidade ao antigo estabelecimento criado pelos irmãos Pinto, embora comece a frequentar com assiduidade as rodas de intelectuais formadas diante da Globo. Percorre os corredores da Americana até encontrar o recém-lançado *A lógica do absurdo*, sátira política do jornalista Mendes Fradique. Ao deixar a livraria, avista um grupo de amigos à porta do Café Colombo, do outro lado da rua.

O jornalista Theodomiro de Barros o saúda.

– Deputado Silveira Martins Leão, o *Tom Mix* do nosso *farwest* legislativo! Junte-se a nós!

De mão com a filha Aldara, Dallila sobe no bonde diante de sua casa, um tanto preocupada com a nova crise conjugal da véspera, mas trata de minimizá-la. O bonde percorre três quadras até a praça e dobra à direita na Rua da Bragança, onde inicia uma árdua subida até o cume do morro, na Rua Duque de Caxias. Depois, inicia uma suave descida até a Praça 15 de Novembro, atravessa o Largo do Mercado e ingressa na Rua Sete de Setembro até o fim da linha, junto ao escritório da Companhia Carris, defronte ao Banco da Província. Mãe e filha desembarcam, caminham pela margem da Praça da Alfândega até a Rua da Praia, dobram à esquerda e a menina aponta para a Confeitaria Central.

– Quero sorvete, mamãe! Por favor!

– Mais tarde. Primeiro, vamos visitar o papai. Depois, preciso comprar algumas coisinhas e ir ao dentista. Se der tempo, tomamos um sorvete – Dallila promete, ao se aproximarem do Café Colombo.

Carlos atravessa a rua e recebe um cumprimento efusivo do diretor da repartição de Estatística, Augusto Carvalho.

– O deputado Silveira Martins Leão na capital em pleno sábado.

– Ontem, envolvi-me numa contenda com o Simões e perdi o trem das seis e meia. Sigo agora à uma e meia.

– Bem acompanhado – comenta o jornalista Theodomiro de Barros, apontando para o livro de Mendes Fradique, que Carlos carrega.

– Pretendo dar boas risadas na viagem – responde o deputado.

A conversa segue descompromissada até que passa por eles uma mulher jovem e sorridente de vestido amarelo.

– Quem é aquela senhora?

– É esposa do Costinha, da joalheria A Esmeralda – responde o médico Victor Russomano.

– Filha do Raphael Cunha, sócio da Livraria Americana – complementa o contador Ernesto Pellanda.

Carlos acompanha os movimentos graciosos da moça e sente renascer algo que ficara esquecido no passado.

– Interessado? – pergunta o jornalista Theodomiro com alguma malícia.

– É uma mulher belíssima – elogia o deputado, sem tirar os olhos da jovem.

– Pois andam dizendo, à boca pequena, que ela é acessível.

– Exagero – desconversa o médico Russomano. – É uma moça direita. Um tanto desinibida, meio avoada, pra falar a verdade, mas não passa disso.

– O boato é forte – insiste o jornalista. – Parece que frequenta pensões em companhia de amantes.

– E quem seriam esses amantes? – Carlos indaga.

– Ninguém sabe, mas o próprio marido vive se lamuriando com seus amigos sobre a conduta dela.

A conversa o excita. Carlos sente movimentar-se dentro dele o duende da lascívia, que estava há um longo tempo amortecido. Acompanha com os olhos a jovem afastar-se com a menina pela mão, mas logo é recapturado pelo fluxo da razão. Convida os amigos pra um café no interior da Colombo e trata de tirar a moça do pensamento.

Dallila e Aldara seguem na calçada protegida pela sombra, onde estão as melhores lojas, mas também o movimento é mais concentrado.

– Não soltes a mão da mamãe – pede à filha.

Alguns metros adiante, a vitrine do Palais Royal repleta de trajes coloridos de meia-estação as atrai para o interior da loja. A secção de Senhoras & Meninas fica no segundo andar, com acesso através da escadaria ao fundo do salão térreo. Ali, Dallila e Aldara perdem pelo menos meia hora examinando vestidos, camisas, aventais, chapéus, *pegnoirs*, corpinhos, saias e aventais, disputando espaço com dezenas de mulheres com os mesmos propósitos.

– Gostei daquele vestidinho, mamãe. Compra pra mim.

– Estou um pouco zonza, minha filha. Já está quase na hora do dentista. Vamos voltar numa hora de menos movimento.

Os relógios da joalheria A Esmeralda marcam dez e meia em ponto quando, da porta de entrada, Dallila abana para o marido atrás do balcão. Eduardo vai até ela.

– Olha, o movimento tá grande e não tenho tempo para conversar.

– Só passei para dar um alô. Vou fazer umas compras e às onze vou ao dentista. Depois, volto para casa. Te espero para o almoço?

Amuado, ele responde que antes da uma da tarde estará em casa. Ela despede-se com um beijo protocolar em seu rosto e retorna ao burburinho.

– O papai tá diferente – observa a menina.

– É cisma. Logo volta ao normal.

No Café Colombo, o grupo se diverte com a história contada pelo jornalista Theodomiro.

– Pois o nosso amigo Augusto Carvalho aqui presente resolveu adquirir um automóvel Chevrolet. Em si, não teria nada de mal. O problema é que o Augusto deliberou *ele mesmo* dirigir o seu automóvel. Dessa resolução decorreram consequências graves que afetaram o cotidiano da cidade. Aumentaram sensivelmente os atropelamentos e pechadas automobilísticas estão enlouquecendo o nosso diretor de tráfego, o doutor João Pompílio. Por mais de uma vez, esteve na contingência de prender o amigo que tanto preza. Dizem que já avisou seus superiores: "Ou o Augusto larga o *guidon* ou eu me demito!".

Os integrantes da roda ouvem com uma expressão divertida, ante os protestos do citado Augusto Carvalho.

– Sei dirigir muito bem, senhores!

– Um dia desses, me ofereceu uma carona. Lembrei dos meus filhos e vacilei. Então, ele disse: "Ora, se andas nos trens da viação férrea, por que não vais andar no meu automóvel?"

Os outros caem na gargalhada.

– Esperem. Tem mais. Num gesto de puro heroísmo, entrei no Chevrolet. Descemos a Rua da Bragança e, à altura da Praça 15, nosso amigo embarafustou pelo Beco do Rosário numa curva maluca e deu-se o fenômeno.

Augusto sacode a cabeça para os lados. Theodomiro prossegue:

– Em sentido contrário, vinha um enterro, um féretro modesto conduzido por oito ou dez fiéis amigos do finado. Com a surpresa do encontro, naquele estreitíssimo espaço do beco, o Augusto torceu o *guidon* do Chevrolet, que passou a subir pelas calçadas e saltar as sarjetas, num festival de acrobacias que me deixou de cabelo em pé. Juntou gente, a Assistência compareceu e, no meio da balbúrdia, o Augusto explicou à autoridade: "Eu não quero faltar com o respeito a ninguém, mas esse defunto vinha na contramão".

Carlos pergunta a Augusto Carvalho:

– Foi assim mesmo?

– O Theodomiro enfeitou um pouco.

Quando as brincadeiras arrefecem, Carlos ergue-se da mesa e se despede:

– Meus amigos. Ainda pretendo passar na Livraria

do Globo antes de viajar. Se algum dos amigos quiser me acompanhar, ficarei grato.

– Será um prazer acompanhá-lo – o jornalista Theodomiro se oferece.

Dallila e Aldara distraem-se olhando as vitrines da Rua da Praia até o horário do dentista. O gabinete do doutor Oswaldo Lautert situa-se quase defronte à joalheria. Perto das onze horas, Dallila atravessa a rua com alguma dificuldade pelo excesso de veículos e ingressa no sobrado cinzento. A atendente a recebe com surpresa.

– Dona Dallila! Nós avisamos ontem ao seu marido na joalheria que o doutor Oswaldo se encontra adoentado e não dará consultas.

– Eduardo não me falou. Bem, deve ter esquecido. Paciência. Depois remarcamos.

Ela deixa o consultório. A filha pede:

– E o sorvete, mamãe?

– Não devia, mas promessa é promessa.

O jornalista Theodomiro monopoliza a conversa no passeio até a Livraria do Globo. Carlos responde com observações genéricas, mas a verdade é que presta mais atenção ao extraordinário movimento da Rua da Praia. No caminho, pensa em comprar presentes para os filhos, mas as lojas estão abarrotadas e desiste. Olha o relógio. São 11 e 15 da manhã. Ainda terá de almoçar, não sabe ainda se no Ghiloso ou no Jacintho, para depois buscar a mala no hotel e se dirigir à estação dos trens, na Rua Voluntários da Pátria. Ao introduzir-se no grupo que conversa diante da Livraria do Globo, é saudado efusivamente pelo juiz Coelho de Souza.

– Permitam-me, amigos, registrar a presença entre nós do deputado Silveira Martins Leão, e já vou revelar o motivo. Conheci o querido amigo logo que chegou ao Rio

Grande. Era, então, um jovem talentoso, mas de temperamento indomável no entusiasmo com que defendia as suas convicções e, devo confidenciar aos amigos, na paixão insaciável que dedicava às conquistas amorosas, que foram muitas e lhe trouxeram alguns dissabores, estou enganado?

Carlos reage com um sorriso.

– O que eu quero dizer na verdade é que os anos abrandaram os excessos da sua personalidade e lhe trouxeram a serenidade que faz brilhar unicamente pelo seu talento. Este é o deputado Silveira Martins Leão, que faço questão de saudar e prever, prestem atenção, que um vasto futuro o aguarda na atividade política.

– Só de ouvir este panegírico pronunciado por um ilustre jurista já justifica a minha presença na capital neste sábado magnífico.

– Vou lhes dar uma notícia em primeira mão – diz o jornalista Theodomiro, apontando para Carlos. – Em breve o Rio Grande terá um novo deputado federal.

– É mesmo? Parabéns.

– Por enquanto é só uma possibilidade – desconversa.

– Por falar nisso, estávamos agora mesmo falando desse boato de que haverá uma cisão no Partido Republicano para a sucessão do doutor Borges de Medeiros – comenta o juiz.

– É mais um absurdo acalentado pelos nossos adversários desiludidos em obterem uma vitória com as próprias armas. Para isso teria que haver um chefe republicano que se propusesse a uma loucura dessas.

– Falam até no Flores da Cunha – arrisca o juiz.

– É uma injúria à lealdade do nosso Bayard dos pampas. Ainda esses dias, fui me despedir do Flores da Cunha em sua viagem a Montevidéu e ele me disse: "Olha, seu

Silveira Martins. A superioridade do velho Borges sobre os demais homens públicos do Rio Grande é de tal ordem, a gratidão que lhe deve o nosso povo é tamanha, que, enquanto ele viver não podemos discrepar um só momento de suas decisões para que o Rio Grande seja cada vez mais a terra da salvação da República". Palavras dele.

– E quem, na sua opinião, será o candidato? – pergunta o advogado Oscar Rothfuchs, participante do grupo.

– Aquele que o doutor Borges escolher, pode ser o Protásio Alves, o Getúlio Vargas ou outro republicano ilustre, culto e leal que tenha prestígio junto à vanguarda do partido.

– Tenho para mim que este nome será o Octavio Rocha – diz o juiz. – Parece-me o mais preparado.

– Ótimo palpite. Tenho certeza de que ao Octavio a história reserva tarefas bem mais ambiciosas.

Coelho de Souza inicia uma tréplica de elogios quando Dallila passa pelo grupo. Os homens se desmancham em mesuras. Quando ela se afasta, riem entre si com malícia.

– Uma mulher encantadora – refere o juiz. – Pena o comportamento um tanto frívolo.

– Pois é isto que eu dizia ao deputado há pouco. Fala-se que ela é, digamos assim, acessível.

– Não sei se chegaria a tanto, mas é atrevida.

– Digamos que ela não guarda o recato que deveria ter toda a senhora que se preze – alude o juiz.

Carlos mantém os olhos na figura de Dallila. Desta vez, o duende da lascívia o convoca com determinação, e ele cede:

– Os amigos me dão licença.

Aldara chama a atenção da mãe quando as duas atravessam a Rua da Bragança.

– Passamos do ponto do bonde, mamãe.

— Eu sei, mas antes vamos até a florista. Preciso comprar um buquê de flores para a tia Clara, que está de aniversário amanhã.

Caminha mais uma quadra e tem uma leve sensação de estar sendo seguida. Em torno da Casa Singer existem quatro floriculturas. Dallila ingressa na maior delas, a Casa Primavera. Escolhe um buquê de rosas amarelas, escreve um cartão de felicitações à irmã e pede que seja entregue ainda nesta tarde de sábado. Ao retornar à rua, percebe que um dos homens do grupo da Livraria do Globo a segue, a ponto de tomar a dianteira e se postar diante dela.

— Preciso falar-lhe. É importante! Vamos até a praça do Mercado, onde podemos...

— Que atrevimento! — ela protesta e o deixa falando sozinho.

— Quem é esse, mamãe?

— Não sei, não conheço. Que impertinência — Dallila apressa o passo, segurando a mãozinha de Aldara.

Ao regressar ao ponto do bonde, lembra que precisa comprar um remédio para a bronquite. Pelo canto do olho, tenta distinguir se o sujeito ainda a persegue, mas é impossível devido à quantidade de transeuntes à volta. Cruza outra vez a Bragança e ingressa na Pharmacia Brazil para comprar um frasco de Pulmoserum Bailly. Ao sair, ruma em direção à esquina e o tipo reaparece diante dela.

— Só quero conversar um pouco.

— Não me persiga — responde, nervosa. — Meu marido se encontra nas proximidades e o senhor vai me comprometer.

Diz isso e desvia do estranho de uma forma brusca. A esta altura, a menina Aldara parece nervosa.

— O que está acontecendo, mamãe?

— Nada, minha filha. Um desconhecido está me importunando. Vamos esperar. O bonde já deve estar chegando.

Dirigem-se à parada. Quando o bonde estaciona, as duas sobem pela porta da frente. Aldara pede à mãe para sentar junto à janela, pois deseja ver a paisagem. Carlos pensa em dar a aventura por encerrada, vacila alguns instantes. O advogado Oscar Rothfuchs passa por ele ao entrar no bonde:

– Vamos juntos até o fim da linha, deputado?

Dominado pelo impulso, Carlos ingressa pela porta dos fundos e senta-se na fila oposta, separado de Dallila apenas pelo corredor.

Eduardo assiste a tudo, da sacada do consultório do doutor Guerra Blessman. Quando vê a esposa embarcar no bonde e o sujeito segui-la, desce desesperado à rua. Enxerga o vagão descer em direção ao largo do Mercado Público. Se cortar o caminho pela Rua da Praia, poderá alcançá-lo ao fim da linha na Rua Sete de Setembro, quando o bonde estiver chegando.

Gira os calcanhares para a esquerda e inicia a caminhada a passos largos. Durante o trajeto, é invadido por pensamentos confusos. Quando encontrar a esposa no bonde perguntará quem é o estranho com quem flertava na Rua da Praia. Obrigará Dallila a aceitar a proposta de desquite e a levará no mesmo bonde para a casa do pai dela, para devolvê-la ao sogro. Se o estranho estiver no bonde irá tomar satisfações, vai tirar a limpo a história desse romance ilícito, talvez lhe aplique uma boa sova.

Carlos tenta retomar a conversa com Dallila. Para evitá-lo, ela pede à filha que troquem de lugar. A menina aceita, contrariada. O bonde contorna a Praça 15. O trajeto será curto. Depois de cruzar o Largo do Mercado, o bonde seguirá pela Avenida Sete de Setembro e, duas quadras adiante, chegará ao fim da linha, na esquina com a Praça da Alfândega.

– Olha quanta gente, mamãe – Aldara comenta a agitação em torno do Mercado Público. Há uma conflagração de bondes, pessoas entram e saem dos vagões, automóveis estacionados junto à Praça 15 começam a se movimentar.

Correndo através da Rua da Praia, Eduardo decide seguir pela calçada banhada pelo sol, com menos movimento. Desvia dos transeuntes, esbarra em alguns deles, às vezes corre pelo meio da rua, provocando as buzinas dos motoristas. Diante da Pastelaria Moderna, um amigo grita seu nome:

– Agora, não posso. Tenho um assunto urgente a resolver.

O passageiro do banco atrás de Dallila é um dos que desembarcam. Em um salto, Carlos ocupa o lugar dele. Inclina o corpo para frente, apoiando-se na bengala, com o rosto ao ouvido de Dallila:

– Eu só queria trocar umas palavras...

Ela afaga o cabelo da filha:

– Repara bem, querida. Estamos chegando à estação. O teu pai deve estar nos esperando e vamos todos juntos para almoçar em casa.

Aldara nota a presença do estranho, arregala os olhos e cochicha com a mãe:

– Mamãe, aquele homem... está aqui atrás.

O olhar assustado da menina o derruba. Carlos joga-se na espalda do banco. Em sua memória, ressoam as palavras de um delegado de Polícia, pronunciadas há mais de dez anos: "Um miserável bolina". Experimenta uma vergonha como há muito não sentia. Na fase mais profícua de sua vida, quando formou família e angariou a respeitabilidade de todos, neste momento se deixa levar por um ímpeto ressuscitado dos tempos de irresponsabilidade. Sente-se profundamente decepcionado de si mesmo. O duende da lascívia o atraiçoou. Está outra vez exposto ao ridículo por um desvio de conduta fora de hora e lugar, como se o aprendizado da vida de pouco lhe tivesse servido.

Em poucos minutos chega ao terminal da Companhia Carris e enxerga o circular 57 se aproximando.

Quando o bonde estaciona no fim da linha, ao lado da Praça da Alfândega, Carlos se sente na obrigação de dizer alguma coisa. Aproxima-se do rosto de Dallila, e é nesta situação que Eduardo os encontra ao ingressar resoluto no vagão, no contrafluxo dos passageiros que desembarcam.

Ao visualizar a esposa e o estranho com os rostos quase colados, saca o revólver do coldre sob o paletó. Aldara vê o pai ensandecido de arma em punho e cobre o rosto com as mãos. Dallila exclama, aterrorizada:

– Eduardo! O que estás fazendo?

Com os olhos faiscantes pousados no desafeto, aponta o revólver e dispara. Carlos esquiva-se com um leve movimento de cabeça e o tiro atinge o abdômen do passageiro que se erguia do banco de trás, o advogado Oscar Rothfuchs. Os dois observam o corpo da vítima desabar ao fundo do bonde, mas logo voltam a se encarar. Carlos ergue-se do banco:

– Espere! Eu posso explicar!

Desta vez, Eduardo mira e acerta Carlos à altura do coração, perfurando-lhe a carótida e produzindo um jorro de sangue abundante.

Feito isso, volta os olhos e o cano do revólver para Dallila, que, assustada, escapa pelo corredor e desce do bonde aos berros pela porta da frente. Aldara permanece encolhida no banco, com as mãos tapando o rosto. Da janela, Eduardo dispara contra a esposa, que foge para o interior da praça. O primeiro tiro acerta-lhe no pulso esquerdo. O segundo atinge a nádega esquerda e a derruba. O terceiro a fere na cintura, quando já está tombada. Ele desce do bonde em direção à esposa caída no meio da rua. Faz um novo disparo, mas erra o alvo. Continua acionando o gatilho, mas a arma já está descarregada. Então, ajoelha-se ao lado dela segurando o cano no revólver como se fosse um martelo e tenta acertá-la na cabeça, mas é contido pelos transeuntes.

Os populares gritam:

– Lincha o assassino! Lincha!

Imobilizado pelos populares, Eduardo é alvo de socos e pontapés, mas mantém o olhar feroz em Dallila, que se contorce ao chão da praça com o sangue a manchar seu vestido amarelo.

VII.

A JUSTIÇA DOS HOMENS DE BEM

Só há homens no agitado recinto do Tribunal do Júri nesta segunda-feira, 17 de outubro de 1927, quando Eduardo Pereira da Costa será julgado pelos assassinatos do deputado Carlos da Silveira Martins Leão e do advogado Oscar Rothfuchs e por tentativa de homicídio contra sua esposa Dallila Cunha Costa. Mais do que o desfecho sangrento, o que excita a plateia é a circunstância do crime, tratado pelos jornais da época como "escândalo conjugal", com ingredientes de sexo, traições e vingança que afrontam a moral positivista ainda vigente, pelo menos, nas aparências.

As duas mulheres que teriam interesse direto no julgamento estão ausentes. Arminda, viúva de Carlos, ficou em Cruz Alta. Dallila, depois de se recuperar dos ferimentos, se mantém trancafiada em casa, proibida pela família do marido de ver os filhos, com a concordância de seu pai e do irmão mais velho.

No dia do crime, algumas horas depois de ter escapado do linchamento graças à ação de dois guardas municipais, Eduardo deu entrevistas aos jornais na Casa de Correção. Com inabalável frieza, revelou as cartas anônimas que vinha recebendo, as quais relatavam casos de infidelidade da mulher, e disse que agiu movido pelo ciúme, sem demonstrar arrependimento sequer por ter alvejado de forma acidental o advogado Rothfuchs, que faleceria dois dias depois.

Naquele mesmo momento, o corpo de Carlos era velado no *hall* do Grand Hotel, perante as figuras mais salientes da política gaúcha, incluindo o presidente do Estado, Borges de Medeiros. Na cerimônia, sobressaiu-se a compungida saudação póstuma, a cargo do deputado João Neves da Fontoura: *"Vai, Silveira Martins Leão! Viverás na saudade dos que te amaram e te entenderam. Ficarás na galeria dos nossos melhores expoentes. Exaltado espadachim da palavra, temperamento vulcânico, impetuoso e ardente, os anos abrandariam os excessos da tua combatividade, e a serenidade revelaria apenas o fulgor da tua inteligência e a harmonia da tua cultura. Eterno esgrimista da discussão acalorada, permanecerás como um dos artífices da vitória castilhista na tua última batalha".*

Arminda recebeu o corpo do marido ao final da tarde de domingo, na estação de Cruz Alta, conduzido em um trem especial por uma ilustre comitiva, tendo à frente Firmino de Paula Filho, representando Borges de Medeiros. À dor devastadora pela perda do companheiro somou-se a vergonha pela forma como se deu o ato criminoso. Ninguém comenta na frente dela, mas a circunstância de que ele foi assassinado por um marido ciumento quando assediava uma mulher casada no interior de um bonde onde não deveria estar é perceptível nos gestos dissimulados dos que a dirigem condolências e nos olhares fugidios que a perseguem enquanto desfila sua viuvez nas ruas da cidade. Por isso, tomou a decisão de contratar dois advogados para auxiliarem na acusação com o propósito maior de evitar danos à memória do falecido.

Um estranho conluio entre defesa e acusação determinou que Dallila não precisaria depor. Para os autos, foi considerada a entrevista concedida por ela no dia seguinte ao crime, ainda convalescendo na Casa de Saúde Dr. Dias Fernandes, quando narrou o assédio que sofreu do deputado naquela manhã e garantiu que não o conhecia.

Eduardo foi libertado três meses depois do crime, graças a um habeas corpus impetrado por seu advogado, Alberto Gigante. Por orientação deste, voltou a praticar esportes, frequentar cafés, cinemas e teatros, e até participou do baile carnavalesco da Sociedade Esmeralda de 1927. Em todos esses lugares era observado com olhares de curiosidade e, em alguns casos, de admiração. Faltando três semanas para o grande júri, é enviado de volta à Casa de Correção.

A galeria da Sala de Julgamentos está superlotada. Às duas da tarde, chamado pelo juiz Esperidião de Lima Medeiros, o réu é trazido por dois guardas civis. Ingressa no recinto ostentando uma fisionomia discreta, na qual transparece um olhar autossuficiente. É recebido com sorrisos e alguns aplausos pela assistência, como se estivesse entre os amigos do Clube Tamandaré. Ao lado do banco do réu, o advogado Alberto Gigante, conhecido por seu comportamento irreverente, toma lugar em sua mesa repleta de livros.

À esquerda do juiz, em uma bancada perpendicular, acomoda-se o promotor da 1ª Vara, Alberto de Brito, respeitado na sociedade como um acusador contundente, e também por sua militância no Partido Republicano e pela atuação na vida cultural da cidade, como dirigente do recém-fundado Grêmio Literário. Por coincidência, ele fora o promotor público que antecedeu a Carlos na comarca de Passo Fundo. Ao lado dele estão os advogados contratados pela esposa do deputado Silveira Martins Leão, Fausto de Freitas e Castro, professor da Faculdade de Direito, e o recém-formado Domingos Santayana Mascarenhas, estreante no Tribunal do Júri.

Nas galerias à frente e aos lados da mesa principal, todos os bancos estão ocupados. Na véspera, foram distribuídas senhas, disputadas com avidez pelo povo. Muitos dos que não conseguiram lugar no plenário permanecem no lado de fora do Palácio da Justiça, nas escadarias do monumento a Júlio de Castilhos, e a todo momento se envolvem em escaramuças com as forças policiais encarregadas de guarnecer a porta central do prédio.

O presidente do júri espera as coisas se acalmarem e procede a escolha dos jurados. De uma lista de vinte nomes, são sorteados Aphonso da Costa, Carlos Bohrer Junior, Adolpho Francisco Vasques, Paulino de Souza Lôbo e Pedro Augusto Matzembacher. Este último pede para ser dispensado, alegando doença. O juiz Esperidião irrita-se:

– Se o senhor se encontrava doente, não deveria ter comparecido e sim enviado um requerimento por escrito acompanhado de um atestado médico. Agora é tarde. Por favor, queira sentar-se.

O juiz pede que o promotor pronuncie o libelo acusatório. Alberto de Brito ergue-se da cadeira e inicia a leitura:

– Diz a Justiça Pública por seu promotor, como autora contra o réu Eduardo Pereira da Costa, de 28 anos, casado, residente nesta capital, que: primeiro, provará que no dia 30 de novembro do ano próximo findo, por volta das 11 e trinta da manhã, o réu, penetrando no recinto do bonde letra "C" número 57, da Companhia Carris Porto-alegrense, defronte ao escritório daquela companhia, à Rua Sete de Setembro, produziu a tiros de revólver no doutor Silveira Martins Leão as lesões constantes do respectivo auto de necropsia. Segundo, provará que aquelas lesões foram, por sua natureza e sede, a causa eficiente da morte do ofendido. Terceiro, provará que o réu procedeu com surpresa.

O juiz é obrigado a cercear com a campainha o burburinho que cresce entre os assistentes.

– Prossiga, por favor – solicita ao promotor.

– Quarto, provará que o réu, naquele mesmo dia, hora e local, pelo mesmo fato e com uma só intenção, produziu a tiro de revólver no doutor Oscar Rothfuchs as lesões constantes no respectivo laudo de corpo de delito. Quinto, provará que aquelas lesões foram, por sua natureza e sede, a causa eficiente da morte do ofendido. Sexto, provará que o réu procedeu com surpresa. Sétimo, provará que o réu, naquele mesmo dia, hora e local, pelo mesmo fato e com uma só intenção, produziu a tiros de revólver em dona Dallila Cunha Costa, sua esposa, as lesões constantes no respectivo laudo de corpo de delito. Oitavo, provará que o réu procedeu com surpresa. Assim sendo, pede o Ministério Público a condenação do réu Eduardo Pereira da Costa a 30 anos de prisão celular, grau máximo do artigo 294, parágrafo 1º do Código Penal, combinado com o artigo 66 parágrafo 3º do mesmo Código e mais quatro anos de prisão celular, grau máximo do artigo 504, parágrafo único ainda do mesmo Código.

Será um longo dia. Apenas a leitura do processo pelo escrivão Bernardo Massani demora mais de duas horas. Após breve intervalo, o juiz Esperidião passa a palavra à acusação. O promotor Alberto de Brito volta à tribuna e lamenta que tenha recebido os autos do processo apenas na antevéspera do julgamento.

– Senti o peso da responsabilidade de estudar o processo em apenas dois dias, ainda mais levando em conta que me defrontaria um advogado brilhante...

– Não apoiado – retruca Alberto Gigante, forçando uma expressão de modéstia.

– ...muito mais preparado para atuar na defesa do acusado. Árdua, portanto, era a minha tarefa, mas uma coisa me confortava. O auxílio brilhante que iria ter por parte da assistência particular, formada pelo conhecido e brilhante advogado Fausto de Freitas Castro...

– Bondade sua – agradece o advogado.

– ...e pelo doutor Domingos Santayana Mascarenhas, a quem peço licença para dirigir saudações e votos de felicidade na carreira que decidiu abraçar.

– Agradeço a deferência – responde o jovem assistente.

O promotor dirige-se aos jurados.

– A vida é uma série ininterrupta de surpresas, de desgraças e de crimes, da qual não escapou Eduardo Pereira da Costa. Esse crime, que a sabedoria popular deu o nome de "tragédia do bonde circular", foi o início de uma série de sofrimentos profundamente dolorosos. De um lado, ele é um filho idolatrado por seus pais, de quem era toda a esperança. Filho criado com todo o carinho e todo o cuidado, de um momento para o outro submerge num mar de sangue e num vendaval de crime e desgraça. Em pleno fulgor da mocidade, na quadra ainda dos vinte anos, entretecendo com os fios de ouro das suas ilusões, uniu sua vida a uma mulher a quem via como a rainha de seu coração e a dama de seus sonhos, companheira escolhida para suas horas felizes ou amargas. Contudo, quis o destino que fosse ela mesma quem fizesse cair sobre a cabeça de seu marido a mais infame das desgraças, a de ser traído.

O promotor é interrompido por uma salva de palmas vinda da plateia, seguida de desaforos dirigidos à ausente Dallila. O juiz aciona a campainha várias vezes e, quando consegue restabelecer o silêncio, adverte:

– Se as manifestações continuarem serei obrigado a evacuar o auditório. Prossiga, doutor Alberto.

– Pois não, meritíssimo. De outro lado, tínhamos um homem cheio de vida, com as portas abertas para o seu talento vigoroso e robusto se afirmar em postos elevados na política e na sociedade, cuja trajetória ascendente foi bruscamente ceifada por uma bala criminosa, uma bala assassina de um revólver que pôs fim à vida de Carlos da Silveira Martins Leão.

Ouvem-se manifestações de apoio, bem menos enfáticas.

– De outra parte, ainda – continua o promotor –, tínhamos um cidadão exemplar, advogado distinto, esposo modelar, que vivia esquecido no mundo, pois o mundo para si era o seu lar, o doutor Oscar Rothfuchs. E, sarcasmo do destino, encontra a morte ao ser vítima de uma tragédia de amor e traição da qual não fazia parte.

Alberto de Brito caminha diante da assistência.

– Quando se deu a tragédia, na manhã de um formoso sábado de outubro, eu tive, como toda a gente, a ideia de que Eduardo Pereira da Costa praticara o crime com perturbação dos sentidos e da inteligência, conforme alega a sua defesa. Mas qual não foi minha surpresa quando li as entrevistas concedidas pelo denunciado aos jornais da capital, a demonstrarem justamente o contrário.

O promotor menciona vários trechos das entrevistas concedidas pelo acusado aos jornais *Correio do Povo* e *Diário de Notícias* após o crime:

– Surpreende a serenidade como o réu relatou o crime. O mais forte libelo contra o réu podemos achar nessas entrevistas, na frieza e na exatidão com que ele relata o ocorrido.

A seguir, o promotor retorna à bancada. Passa a manusear livros e dispende um longo tempo com menções ao que os grandes tratadistas entendem como estado de perturbação dos sentidos e da inteligência.

– Senhores jurados. Como provam as cartas, o réu sabia há muito tempo que sua consorte lhe era infiel, no mínimo, seis anos. Portanto, claro está, não agiu por impulso. Praticou o crime de forma consciente em pleno domínio da vontade. Sabia o que estava fazendo. Por conseguinte, não existiu a perturbação dos sentidos e da inteligência. Sua absolvição significará um estímulo para que qualquer um que se sentir ofendido saia matando pelas ruas, como se vivêssemos um tempo de barbárie. Assim, senhores jurados, em nome da Justiça, da decência e da civilidade não lhes resta outro caminho senão o de condenar o réu.

Após uma breve pausa, o juiz anuncia a exposição do primeiro advogado assistente. Domingos Santayana Mascarenhas caminha a passos firmes na direção do réu, olha-o com desprezo e dirige-se à plateia.

– Devo afirmar de início, senhores, minha lástima de estrear neste tribunal do júri acusando um indivíduo de maus instintos, uma alma fria e traiçoeira, dessas que a fatalidade tira das gerações sucessivas para escândalo, terror e luto das nossas famílias e da civilização.

Ouve-se um zum-zum de descontentamento entre os assistentes que o juiz reprime acionando a campainha. Agora, o advogado volta-se aos jurados.

– Eduardo Pereira da Costa é réu confesso de dois homicídios e uma tentativa. Violou as leis morais da humanidade e as normas legais da pátria. Merece, por isso, ser segregado do convívio social. Bem sei que, em geral, pouca atenção merece dos julgadores o lado jurídico dos fatos criminosos, porque a simpatia e a religião possuem sobre eles poder maior do que a ciência e as disposições legais. Não deveria ser assim, mas é. Pois bem, nenhuma religião do mundo absolveria das penas eternas o assassino malvado o qual, sem temor nem perturbação, com calma e frieza, corta o fio de úteis existências.

O advogado esmiúça como as diversas religiões lidam com os crimes de morte. Eduardo mantém-se impassível, deixando transparecer, por vezes, um ar de deboche.

– Quanto à simpatia, pergunto aos senhores: qual simpatia pode inspirar aquele que premedita seu crime, um homicida vulgar que não ousara matar os anteriores e verdadeiros amantes de sua mulher, e Silveira Martins Leão nunca o foi, e procurara precisamente a ocasião de caçar o deputado Silveira Martins Leão?

Mascarenhas faz uma pausa para que a questão seja absorvida pelos presentes.

– A mulher não é propriedade do marido – prossegue.
– O marido não pode matar a esposa por motivo algum, nem mesmo por adultério. O adultério da mulher, se tem raízes na educação recebida na casa paterna ou nas vicissitudes da vida, deve largos juros à colaboração do marido e de outros homens.

O advogado, agora, dirige-se ao réu:

– Não tinhas o direito de matar, como ninguém o tem no Brasil, nem mesmo o Estado. Quiseste fazer justiça pelas próprias tuas mãos sanguissedentas. Pois bem. À falta de forca e de cadeira elétrica, a sociedade generosa te dá a pena suave de alguns anos de penitenciária, apenas o necessário, talvez insuficiente, para a tua difícil regeneração.

O acusado o mira com um olhar ferino.

– Difícil sim – prossegue o advogado –, porque se nota na arrogância altaneira com a qual me olhas, na tua fria catadura, que enxergas tudo vermelho, da cor do sangue que miseravelmente derramaste.

– Protesto, meritíssimo! – intervém Gigante. – O acusador não tem o direito de ofender o réu.

– Por favor, doutor Mascarenhas. Evite excessos de linguagem.

Mascarenhas encara o réu por alguns instantes. Gira nos calcanhares e retorna aos jurados.

– E se vierem a falar da legítima defesa da honra, ponderai a vacuidade do argumento.

– Protesto! Nossa linha de defesa limita-se à perturbação dos sentidos e da inteligência e não por defesa da honra.

– Negado! – responde o juiz.

Mascarenhas desconhece a intervenção do defensor.

– Nem a defesa é legítima nem sequer a honra é legítima. Examinem de qual honra se trata, se ela existia antes e se acaso começou a ter existência depois. Para auxiliá-los, recordarei que, passado um ano da tragédia, o réu ainda é esposo da senhora Dallila.

– Vossa Excelência não bata nesta tecla – protesta Alberto Gigante. – O acusado, se não se divorciou até hoje, é em respeito aos cabelos brancos de seu progenitor. Mas isso se resolverá em poucos dias.

– Pois já deveria estar feito – insiste o advogado de acusação.

– Deveria, se devêssemos satisfação a Vossa Excelência.

– Não estou pedindo satisfação e sim constatando um fato. E não seja malcriado! A verdade é que, passado um ano, o réu continua casado com aquela a qual ela alega o haver desonrado. Que honra é essa?

A plateia reage com apupos e manifestações de protesto. O juiz Esperidião intervém com a campainha.

– Quero advertir que não permitirei conversas paralelas entre as partes neste tribunal. Por favor, doutor Mascarenhas, conclua a sua explanação.

– Senhores julgadores. O assassino raciocinante nunca deve ser perdoado. A defesa virá com apelos à compaixão do júri para aquele que até hoje não teve um único gesto de remorso e arrependimento por haver se tornado um assassino. Esperarei tranquilo o vosso veredicto, certo de que em vão se procurará adormecer o vosso espírito ou a vossa consciência. Não consintam que lhes incutam vacilações, nem desfalecimentos que os desviem do caminho justo: a condenação serena e refletida do covardíssimo assassino de Carlos da Silveira Martins Leão e Oscar Rothfuchs. Só um direito nos assiste em todos os estágios da vida social: o de cumprirmos o nosso dever. Eduardo Pereira da Costa é réu confesso de dois assassinatos e uma tentativa. Pois condenai-o com tranquilidade e com segurança de ânimo, pois só assim, perante a moral e o Direito, estarão fazendo justiça.

Mascarenhas desce da tribuna e ouve algumas manifestações de desagravo. O juiz Esperidião anuncia um recesso de uma hora e avisa que a sessão recomeçará pontualmente às oito horas da noite.

Dos três acusadores, o jovem Santayana de Mascarenhas é o mais eufórico com o desenrolar do julgamento.

– A tese da perturbação dos sentidos desmanchou-se no ar. Agora, o doutor Fausto se encarregará de enterrá-la de vez.

Os outros mantêm uma postura cautelosa.

– Não tenha tanta certeza. Gigante é imprevisível – pondera o promotor Brito. – Deve ter alguma carta na manga e, por certo, vai investir no terreno das emoções.

– Quando for minha vez, vou tentar desestabilizá-lo – avisa o advogado Fausto. – Mas há algo preocupante no ar. A assistência mostra-se francamente a favor do réu.

Eduardo é conduzido pelos guardas até a sala dos réus e, no caminho, recebe de seu advogado um olhar encorajador. Os cinco integrantes do Conselho de Sentença se dirigem à sala dos jurados, onde devem ficar incomunicáveis. Na assistência, contudo, muitos preferem permanecer no recinto, com receio de perderem seus lugares ao retornar.

Na rua, junto à Praça da Matriz, a multidão de homens interessados no julgamento mistura-se com o público enfileirado à porta do Theatro São Pedro, em sua grande maioria, formado por mulheres, para assistir à apresentação da cantora italiana Gabriella Besanzoni. O calor se vai com a tarde, justificando os elegantes trajes de meia-estação que as senhoras e senhoritas exibem. Assim, os eventos realizados nos dois prédios gêmeos produzem um curioso amálgama de interesses contraditórios, a arte e o crime.

Ao lado do teatro, subindo pela margem da Praça, operários trabalham duro para concluir o Auditório Araújo Viana, cuja inauguração ocorrerá em um mês. No alto da praça, o imponente Palácio Piratini está próximo de mudar de inquilino. Impedido pelo Tratado de Pedras Brancas de concorrer a um novo mandato, Borges de Medeiros indicou Getúlio Vargas para sucedê-lo. Graças à folgada maioria situacionista nas listagens, Vargas será eleito no dia 25 de novembro,

Quando o relógio marca oito da noite, o juiz Esperidião tenta reabrir os trabalhos, mas um tumulto à porta do tribunal atrasa a continuidade do julgamento. Mesmo portando senhas, alguns são impedidos de retornar à sala devido a uma ordem mal compreendida pela força encarregada da segurança. O próprio promotor Alberto de Brito tem dificuldades para ingressar na sala, embora apresentasse sua identificação. O juiz Esperidião chama o comandante da força e lhe passa uma carraspana.

Só meia hora depois do horário marcado, a sessão é reiniciada, com o pronunciamento do advogado de acusação Fausto Freitas e Castro.

– *Morte, palavra que traduz mistério/Sombra nas trevas a vagar perdida/Negro fantasma que se abraça à vida.* Com esses versos do grande poeta espiritualista Bittencourt Sampaio quero dizer aos senhores que em vão a ciência procura explicar a morte. Em vão procuram emprestar-lhe esse caráter das coisas comuns e naturais, e nem assim conseguem confortar o homem e lhe dar coragem para enfrentar, calmo e sereno, os últimos instantes de sua vida e muito menos para tirar de um semelhante, a sangue-frio, o direito a viver. Assim se explica, senhores jurados, a comoção que abalou a sociedade de Porto Alegre quando o acusado presente, com dois bárbaros tiros de revólver, tirou a vida dos doutores Oscar Rothfuchs e Silveira Martins Leão.

O advogado deixa seu lugar e passeia pelo salão.

– Quem era o doutor Oscar Rothfuchs? Era uma pessoa digna sob todos os pontos de vista, inatacável, com uma vida sem uma mancha sequer, era uma grande inteligência, ignorada porque vivia enclausurado em sua modéstia. Era um homem útil à sociedade porque produzia.

Aproxima-se dos jurados.

– Quem era Silveira Martins Leão? Dele, não é necessário dizer mais senão que, sendo portador de um grande nome, conseguiu honrá-lo em todos os terrenos. Era um homem feliz, no remanso de seu lar, com sua esposa e seus filhos. Como promotor, como homem público, como deputado, Silveira Martins Leão angariou um valor que todos conhecemos.

Toma um gole de água e ingressa na parte mais delicada de seu pronunciamento.

– Tinha defeitos? Não nego. Mas quem não os tiver, atire a primeira pedra. Mas esses defeitos, por maiores que fossem, não chegariam nunca às calúnias assacadas contra ele, por aí afora. Mas eu não irei revolver essa lama da rua para trazer essas calúnias até o recinto augusto deste júri. Quem era esse acusador? Quem inventava e espalhava essas calúnias? Não sei eu, como ninguém o sabe. Para mostrar quem era Silveira Martins Leão basta lembrar um fato por todos sabido. Sua Excelência era, na Assembleia do Estado, o espírito combativo por excelência, estava sempre na linha dianteira contra seus adversários. E, no entanto, tais eram as suas qualidades que mesmo seus adversários políticos não se furtaram de prestar-lhe a última homenagem, acompanhando seu corpo até a estação férrea.

Retorna à mesa, examina uns papéis e prossegue.

– Antes, porém, de entrar na análise do processo, quero mostrar ao júri a criminalidade do acusado e a participação dos demais envolvidos no caso. Primeiro personagem: Oscar Rothfuchs. Este não tem culpa nenhuma. Foi vítima de uma fatalidade como passageiro do bonde onde se desenrolou a tragédia. Segundo personagem: Dallila Cunha Costa.

A menção do nome da mulher provoca reações contrárias na plateia.

– É a figura central e a principal culpada por esta tragédia. Era um desses tipos exuberantes de mulher, cujo temperamento lascivo e luxuriante não se satisfazia com o amor só de seu marido e ia buscar na rua a sobra de outros amores. Foi essa mulher, prostituída quando ainda morava no lar com o acusado presente, a causa de toda essa tragédia. Ela não poderá merecer o perdão de ninguém.

A frase é seguida de desaforos vindos da assistência, que obrigam o juiz a acionar sua campainha por diversas vezes.

– Eu pergunto: qual a culpa de Carlos da Silveira Martins Leão? Não conhecia Dallila Cunha Costa. Disso há provas no processo. Não estou aplaudindo o seu procedimento em perseguir uma mulher. Mas, observem, ele não foi desviar do bom caminho uma senhora honesta. Buscou apenas aproveitar uma ocasião fortuita, o que muitos aqui presentes fariam. Portanto, a culpa do doutor Silveira Martins Leão é nenhuma. Perseguia uma mulher a qual o próprio marido julgava acessível a qualquer convite menos digno, uma mulher que todos sabem ser de fácil conquista.

De novo, das galerias, partem xingamentos à mulher de Eduardo. O juiz Esperidião pede que a guarda retire do recinto dois espectadores mais salientes. O advogado Fausto prossegue.

– É um fato comum, ensinam os tratadistas, os maridos terem culpa nos desvios da mulher. Aqueles maridos que procuram as esposas apenas para os gozos carnais se esquecem que a mulher também tem coração. Não sendo correspondidas em suas necessidades morais, viam-se as esposas obrigadas a procurar essas satisfações fora do lar.

Alguns rumores de desdém são ouvidos.

– A mulher fica predisposta a prevaricar quando teve educação viciada, é vítima dos desleixos do marido ou possui temperamento fogoso. Em algum desses três casos, a mulher é desviada da honestidade do lar.

O advogado percebe gestos de aprovação dos assistentes.

– O que dizer, então, do acusado Eduardo Pereira da Costa, nosso quarto personagem. Aceitas suas declarações à polícia e à imprensa, chega-se à conclusão de que ele era um desleixado. O acusado vinha recebendo cartas há seis anos que o enchiam de dúvidas. Quais providências tomou diante dessas cartas? Indago aos jurados se, durante esse longo período não seria possível o réu surpreender sua consorte em flagrante delito de infidelidade conjugal.

Eduardo, pela primeira vez, baixa a cabeça. Volta-se para seu advogado, que o acalma com um gesto discreto.

– Tanto nas entrevistas quanto no depoimento do réu à Justiça – continua o advogado de acusação – se verifica com clareza que ele não era um espírito confiante na fidelidade de sua mulher. Se não encontrou uma prova da prevaricação de sua mulher é porque não procurou encontrá-la. O marido que confia pode ser enganado, mas aquele que desconfia, como é o caso do réu, não poderia deixar de surpreender a esposa em adultério. A única conclusão lógica é que adquiriu a certeza da infidelidade, mas foi fraco. Teve a fraqueza de consenti-la na vida em comum.

Durante uma hora, o advogado Fausto relaciona teorias jurídicas internacionais sobre a influência da paixão como motivadora de um crime.

– A mais violenta paixão pode, no máximo, servir como atenuante, mas a pena deve ser aplicada porque ninguém pode fazer justiça com as próprias mãos. Porém, no caso presente isso não se aplica, pois o acusado não era um homem apaixonado pela sua mulher, por isso não pode ser considerada a completa perturbação dos sentidos. Se a defesa provasse a existência da paixão poderia ser contemplada em sua tese, mas não havia. Vou adiante. Segundo os grandes tratadistas, o impulso passional é seguido por uma fase de perda da memória, substituída pelo estado de prostração. Isso não aconteceu com Eduardo Pereira da Costa. Nos momentos seguintes ao fato, o réu demonstrou estar em completa posse de sua memória, tanto que fez uma descrição minuciosa dos acontecimentos aos jornais. Por que a defesa não submeteu o réu a um exame médico logo após a tragédia?

O advogado dirige-se aos jurados.

– Para argumentar sobre a tese da defesa é preciso perguntar onde teria se dado a explosão passional do delinquente e qual a causa? O réu conta ter recebido a primeira carta há seis anos, assinada por "um amigo", a qual levantava acusações contra a fidelidade de sua mulher. Confessa que lutou muito para não acreditar no que seus olhos liam.

Fausto faz sua *mise-en-scène*:

– Não era possível! Não podia ser! Mas, quem sabe, talvez fosse verdade. E nessa luta íntima na qual a inocência da mulher parecia se ressaltar evidente dentro do carinho desvelado que ela lhe dedicava, desafiando quaisquer suspeitas, ele se manteve por muito tempo sem saber como proceder. Devia mostrar a carta a ela? Ao ler a carta, ela se trairia e daria algum sinal sobre a veracidade das acusações? Daí se conclui, senhores jurados, ele não era um espírito confiante, não depositava inteira confiança na fidelidade da esposa. Afirma ainda que sua vida se tornou um martírio. As cartas se sucediam e ele se convenceu da autenticidade das denúncias, a ponto de sugerir o desquite. Portanto, estava o réu, primeiro desconfiado e, mais tarde, convencido da infidelidade da esposa.

O advogado vai até os jurados.

– Mas não tomou providências! Numa cidade pequena como Porto Alegre, na qual todos conhecem a localização das casas de tolerância, seria impossível não ter flagrado sua mulher na prevaricação. Por que só quando tudo era uma repetição, quando já estava cansado de saber da infidelidade é que a paixão explodiu? Não havia paixão. O réu atirou deliberadamente contra o doutor Rothfuchs, atirou deliberadamente contra o doutor Silveira Martins Leão, atirou quatro vezes contra sua mulher e o fez raciocinando, e a sangue-frio.

A ênfase do advogado produz silêncio no plenário.

– Dos dignos integrantes do Conselho de Sentença, espero que cumpram o juramento que fizeram e condenem o réu. Qualquer que for a vossa decisão, se condenatória ou absolutória, eu me curvarei respeitosamente diante do veredicto.

Encerra seu pronunciamento sob os protestos da maioria da assistência. O juiz Esperidião toca a campainha e adverte:

– A paciência deste juiz esgotou-se. Na próxima manifestação como esta, ordenarei que o plenário seja esvaziado. Passo a palavra ao ilustre advogado de defesa, doutor Alberto Gigante.

Este permanece por alguns instantes ainda sentado, como se estivesse meditando. Por fim, levanta-se e se dirige ao réu, com um olhar paternal.

– Meu constituinte, meu grande amigo, meu querido e apreciado amigo. Antes de entrar propriamente na defesa do assunto que te trouxe ao tribunal, assumo contigo o compromisso solene, por minha palavra de honra mais sagrada: tua honra sairá daqui deste recinto limpa, ilibada e pura, como era antes desta tragédia dolorosa. Assumo esse compromisso e quero ir além. Vou mostrar que os ataques de que a tua honra foi alvo, preferidos da habilidade dos três acusadores, são como simples flocos de espuma que se esfacelarão diante da rocha da minha argumentação e se derreterão aos ardores dos primeiros raios solares da lógica, da razão, do direito e da Justiça.

Vira-se, caminha pelo salão e para diante da assistência. Dali, aponta o dedo para seu cliente.

– Tu, Eduardo Pereira da Costa, descansa, porque no teu pulso firme de homem de honra, quando fizeste tombar essas duas vidas preciosas, as quais sou o primeiro a deplorar, como tu também as deploras, não revelaste um espírito de assassino e de maldade. Muito ao contrário, fizeste reconhecer, pelo cano flamejante do teu revólver, a noção que sempre tiveste de um verdadeiro homem de honra, de um verdadeiro homem de bem.

Deixa suas palavras buscarem apoio no público e prossegue.

– Descansa, Eduardo Pereira da Costa. A tua defesa me está confiada. As lágrimas da tua mãe, os rogos de teu pai, os pedidos de tua família e a confiança com que me distinguiste não apenas me comoveram, mas me conquistaram. Digam o que disserem, és visto por mim e apreciado sob o aspecto verdadeiro do gaúcho digno que tem vergonha e sabe, no momento terrível como aquele pelo qual passaste, sacrificar a própria liberdade no altar da honra em holocausto a ela. Tua honra será dignamente defendida e hás de sair deste tribunal com viseira erguida, para servir de modelo aos homens de bem.

Agora, se aproxima da bancada dos acusadores.

– A acusação deve ser apreciada sob os três aspectos que apresentaram. A do promotor público Alberto de Brito, serena e calma, profunda e científica; a do primeiro acusador, sarcástica, antipática e ferina; e a do segundo acusador, professor Fausto, educada, hábil e empolgante.

Dirige-se a Domingos:

– Apesar da antipatia que me inspirou a sua atitude parcialíssima, quero enviar-lhe minhas cordiais saudações, com votos de que sua carreira seja repleta de glórias e triunfos. Porém, aproveito a ocasião, como velho frequentador da tribuna judiciária, para lhe aconselhar: não use mais essa linguagem extremada e saiba sempre, como ensinam os mestres, respeitar a figura do acusado, que é sagrada. No momento de seu julgamento, o réu é um verdadeiro Deus, pois é o seu direito que se discute.

Recebe em troco uma interjeição irônica do advogado estreante.

— Dante, no seu imortal poema, nos conta que, acossado por um leão, um tigre e um lobo, foi desviado no meio de sua vida para uma selva, onde encontrou o espírito de Virgílio, o qual se propôs a conduzi-lo através do inferno e do purgatório para depois entregá-lo a Beatriz, que o levou ao Paraíso. Também eu – aponta para a bancada de acusação –, no meio deste caminho, encontro um leão, um tigre e um lobo, que me desviam para uma mata escura e selvagem, e nela encontro os túmulos de Carlos da Silveira Martins Leão e Oscar Rothfuchs. Sobre esses túmulos eu quero espargir as flores da saudade, para que elas possam ser regadas pelo orvalho das lágrimas de suas viúvas, vivificadas pelo sol de meus sinceros lamentos.

Passa um longo tempo comentando os pontos da acusação mencionados pela acusação, sem confrontá-los.

— Um dos acusadores particulares invocou o mandamento da religião católica: "não matarás". Mas se esqueceu a mesma acusação de outro mandamento: "não cobiçarás a mulher do próximo". E eu não sei, diante da religião e da honra, quem é mais criminoso: aquele que mata o sedutor de sua mulher ou o próprio sedutor, que entra no lar para roubar a esposa, a joia mais cara no lar de um homem de brio.

Palmas efusivas brotam da plateia. Nesse instante um funcionário segreda ao juiz que um dos jurados passa mal. Esperidião volta-se para a bancada do Conselho de Sentença e enxerga Pedro Matzembacher tremendo de frio. Resolve suspender a sessão por dez minutos para que o jurado seja medicado.

Matzembacher é conduzido para a sala dos jurados, onde é atendido pelos médicos Raul Bittencourt e João

Kern. Eles alegam ao juiz que precisam de uma estufa elétrica para o tratamento do paciente.

– Moro a duas quadras daqui e posso buscar uma estufa em minha residência – prontifica-se Alberto Gigante.

Em dez minutos, retorna com a estufa e a leva à sala dos jurados. Ali permanece um bom tempo, enquanto, na sala do júri, o advogado Fausto protesta ao juiz Esperidião.

– Meritíssimo, o doutor Alberto Gigante não poderia permanecer naquela sala. Trata-se de uma afronta à exigência de incomunicabilidade dos jurados.

– Compreenda, doutor Fausto, trata-se de uma emergência.

– É irregular e compromete a lisura do júri – insiste o advogado de acusação.

Aborrecido com a crítica, o juiz ordena ao escrivão que busque o advogado de defesa de volta para o salão. Ainda assim, os protestos da bancada de acusação persistem.

– O senhor não poderia permanecer na sala dos jurados. É uma flagrante ilegalidade.

– Ora, senhores. Apenas pratiquei um gesto humanitário. Houve problemas de funcionamento da estufa e tive que permanecer ali para consertá-la. Os médicos estão de prova.

São quatro horas da manhã quando os jurados retornam à Sala de Julgamentos. Matzembacher está envolto em um cobertor. O juiz Esperidião comunica o reinício dos trabalhos e repassa a palavra a Alberto Gigante.

– Senhores jurados, eu estaria praticando um verdadeiro crime se, diante do acidente verificado, continuasse a desenvolver a defesa que tinha traçado. Os integrantes da tribuna da acusação trouxeram a este recinto grandes tratadistas franceses, italianos, belgas e de várias outras nacionalidades. Eu havia me preparado para defender minhas teses por muitas horas – bate na pilha de livros sobre sua mesa –, mas não quero, não posso e não devo fazê-lo em respeito à saúde combalida do senhor jurado. Por isso, fecho todos os livros e abandono todos os autores; desprezo a jurisprudência, esqueço tudo neste instante porque a defesa de Eduardo Pereira da Costa pode ser feita com a leitura do grande livro, que é o coração e a inteligência dos jurados.

– Como eu previ – murmura o advogado Fausto.

– Eu responderia à acusação pública e particular palavra por palavra, argumento por argumento, tese por tese, livro por livro – prossegue Gigante –, mas vou poupá-los, porque quem está aqui, dos jurados ao juiz, da acusação à defesa, todos já estão convencidos de que Eduardo Pereira da Costa, no momento de delinquir, defendia os brios não apenas seus, mas de toda a sociedade, e os mais legítimos e sagrados princípios da honra e da dignidade.

– Apoiado! Apoiado! – ouve-se da plateia.

– Senhores jurados. Creio na vossa independência e no vosso caráter, na vossa integridade e no vosso amor à Justiça. A magnanimidade do vosso coração vos torna capazes de dignificar as gloriosas tradições do povo gaúcho. Tenho certeza de que, para vós, a honra é um culto e que o brio deverá ser uma religião. Estou falando com homens de bem, cumpridores de seus deveres, cuidadores da honra, cavaleiros do brio, soldados da dignidade, sacerdotes da moral, por isso a grandeza desta causa haverá de ser julgada pelos aspectos da honra, do brio, da dignidade e da moral. Creio na grandeza do júri, a mais alta expressão da soberania popular. Creio que sereis dignos da sociedade a qual representais, pois esta mesma sociedade varre de seu seio as mulheres adúlteras. Creio que os dignos jurados estão agora invocando a fidelidade de suas mães, de suas filhas, de suas irmãs, que souberam honrar seus nomes, como doces companheiras de seus maridos e anjos tutelares dos lares. Creio que todos nós, nesta casa que é um templo, adoramos uma só deusa, que é a Justiça, e veneramos um só Deus, o Direito. Como Ruy Barbosa, creio na liberdade onipotente criadora das nações robustas e no império da lei, a primeira de suas necessidades; creio, por fim, que escutareis os ensinamentos da ciência, que vos indica o caminho a trilhar, onde a luz emanada de Deus os fará seguir firmemente, iluminando vossas inteligências, conduzindo-os ao culto da verdade, da razão, do direito e da justiça!

Gigante encerra sua defesa sob uma ovação de plateia, como um grande artista que acaba de conquistar o público com seu talento. Vai até o réu e o cumprimenta com fervor.

O juiz orienta os jurados a se retirarem para a deliberação final.

O conclave dos jurados dura menos de 15 minutos. Ao retornarem em fila indiana à Sala de Julgamentos, o que vem à frente entrega um pedaço de papel ao juiz Esperidião. Este o lê com semblante grave. Todos os olhos estão fixados nele.

Um tanto desolado, pronuncia o veredicto.

– O Conselho de Sentença decidiu, por unanimidade, absolver o réu de todas as acusações que lhe são imputadas.

Uma explosão de gritos e palmas sacode a Sala de Julgamentos do Tribunal de Justiça. Alguns espectadores conseguem burlar a guarda e cumprimentam o réu e seu advogado. Eduardo olha ao redor triunfante. Entre os três acusadores, o clima é de consternação. O jovem Domingos ainda encontra ânimo para interpelar Alberto Gigante:

– O senhor fraudou o julgamento.

– Vou lhe dar uma lição sobre julgamento, meu jovem. É preciso entender a propensão da sociedade, pois ela vai se refletir no júri. Se é contra nós, precisamos neutralizá-la. Se a propensão é a favor, basta alimentá-la. Todos queriam absolver o réu. O que fiz foi lhes dar argumentos para que o fizessem sem maiores dramas de consciência. Agora, me dê licença, pois eu estou muito cansado.

VIII.

ARMADILHA DO DESTINO

Para Dallila, a absolvição de Eduardo significou sua própria condenação. De nada adiantaram suas juras de que jamais traiu o marido. Envergonhada pela situação, sua própria família a obrigou a aceitar um desquite "amigável", pelo qual o ex-marido deteria a guarda e a responsabilidade pelo sustento dos filhos. Fica proibida de ver Aldara, pois ficou deliberado que ela não seria um bom exemplo para a filha. Quanto a Thomaz, o acordo estabelece que poderá encontrá-lo uma vez por mês durante uma hora no Tribunal de Justiça, mas isso não chega a acontecer. Sacramentado o desquite, em maio de 1928, Eduardo despacha o menino para o município de Restinga Seca, sob os cuidados de sua irmã, viúva de um comerciante local, enquanto providencia sua mudança para o Rio de Janeiro. Todas as ações de Dallila para ver Thomaz são desconsideradas pela Justiça.

Após ser derrotado pelo paulista Júlio Prates nas eleições presidenciais de 1930, Getúlio Vargas toma o poder em outubro, através de uma revolução iniciada em Porto Alegre. Usa, como justificativa, o assassinato de seu candidato a vice-presidente, o paraibano João Pessoa, mesmo que não haja provas de que o crime teve motivações políticas. Quando Getúlio chega ao Rio de Janeiro para assumir a Presidência, Eduardo trabalha na loja de tecidos aberta pelo pai.

Do balcão da loja, Eduardo dá vazão ao ódio contra os republicanos gaúchos e se encarrega de espalhar para quem quiser ouvir os boatos que circulam na cidade de que faltaria água, luz e mantimentos e que até o Carnaval do próximo ano seria suspenso pelo novo governo. Denunciado por um cliente como "boateiro", passa dois dias na prisão, onde faz amizade com alguns policiais. Após ser solto consegue, através desses novos amigos, um emprego como escrivão extranumerário de Polícia.

Eduardo contrai núpcias com a jovem Maria Augusta Salaberry, de uma tradicional família carioca. Tiveram que se casar em Montevidéu, já que a lei brasileira impedia o matrimônio de pessoas desquitadas. O casal vai morar com Aldara e Thomaz em um apartamento no quarto andar do Edifício Maranhão, na Rua Bento Lisboa, junto ao Largo do Machado e próximo ao Palácio do Catete.

Em Porto Alegre, Dallila consegue, aos poucos, se reerguer do abismo em que fora jogada. Depois de uma longa clausura, na qual precisou redimir-se de suas fraquezas e perdoar o que chamou de "covardia" do pai e do irmão militar nos episódios que sucederam à tragédia, ela anima-se a sair às ruas. De cabeça erguida, enfrenta com determinação os comentários e olhares maliciosos dos vizinhos, disposta a recuperar sua dignidade, enxovalhada em um julgamento no qual homens de bem, em lugar de justiça, preferiram sacramentar prerrogativas masculinas. Com a ajuda da irmã Marina obtém aprovação em um concurso para um cargo burocrático na Prefeitura de Porto Alegre. Começa, então, a acalentar o sonho de reencontrar os filhos.

Nas férias de 1932, viaja ao Rio para visitar a irmã Inah e, através dela, retoma o contato com Aldara e Thomaz, burlando a vigilância do ex-marido. O menino mostrou-se reservado, pois não guardava nenhuma lembrança nítida da mãe. Aldara, ao contrário, a reencontrou com um brilho esfuziante do olhar e um afeto compensador para o longo período em que estiveram separadas.

Os encontros anuais e secretos de Dallila com os filhos se repetem nos anos seguintes e enchem sua vida de alegria e possibilidades. Thomaz tornara-se um adolescente robusto como o pai e compete com destaque em provas de natação infanto-juvenil pelo Clube de Regatas Guanabara. Aldarinha é uma jovem reservada, religiosa e compenetrada nos estudos, adorada por todos pela sua meiguice e disposição de ajudar os outros.

Aldara herdou a lindeza e o encantamento de Dallila, embora um pouco menos expansiva. Nunca se ouviu dela qualquer palavra sobre a dramática cena que vivenciou aos seis anos de idade, quando cobriu o rosto para não ver o pai assassinar duas pessoas e perseguir a mãe com a intenção de também matá-la. À medida que cresce, fica cada vez mais parecida com Dallila, o que não foge à percepção de Eduardo. Em vários momentos, se trai em ato falho e chama a filha pelo nome da ex-mulher, causando constrangimento na atual esposa e uma espécie de assombro nele próprio, como se uma armadilha do destino tivesse introduzido a presença de Dallila em sua nova vida com o objetivo de torturá-lo. Como forma de punir a menina pela acentuada semelhança com a mãe, torna-se um pai progressivamente mais irascível e autoritário.

Um mês antes de completar 17 anos, Aldara está enamorada de um estudante de Direito, um rapaz gentil que conheceu em um encontro do grupo de jovens católicos do qual participam. Pela primeira vez na vida, sente vontade de se enfeitar com brincos e um batom discreto. De início, os encontros são fugidios no Largo do Machado. O moço dispõe-se a falar com o pai dela para oficializar o namoro. Aldara julga mais prudente que ela fale primeiro com o pai. Eduardo, contudo, reage com fúria. Afirma que ela é muito nova, proíbe o namoro e determina aos gritos que ela não volte a vê-lo. Aldara tenta argumentar:

– Mas, papai. Tenho a mesma idade de minha mãe quando começou a namorar o senhor.

– Não me fales desta mulher dentro de casa! – Eduardo esbraveja.

Ante a insistência chorosa da filha, ameaça mandá-la para Porto Alegre, onde mora seu irmão João Protásio. Após a altercação com o pai, a jovialidade de Aldara esvai-se numa tristeza sem fim. Torna-se uma moça quieta e amargurada.

– Isso passa – Eduardo diz a Maria Augusta, que tenta interceder a favor da enteada.

Na quarta-feira, 15 de setembro de 1937, quatro dias antes de seu aniversário, Aldara passa a manhã na Igreja Nossa Senhora da Glória a rezar. Durante o almoço, pede permissão para ir à casa de sua tia Inah. Eduardo nega com veemência e determina que ela não deve mais visitá-la. Aldara tranca-se no quarto aos prantos. Quando escuta o barulho da porta indicando que o pai saíra para o trabalho, ela sobe pelo elevador de serviço até o 11º andar, o último do prédio. Recosta-se à parede do terraço e permanece por alguns instantes observando a intensa movimentação no Largo do Machado, mergulhada em profunda melancolia. De súbito, projeta o corpo para frente e se deixa cair.

Em seu quarto, são encontradas duas cartas. Uma delas é dirigida à Polícia: *"Eu, Aldara Pereira da Costa, de 17 anos de idade, natural de Porto Alegre, Rio Grande do Sul, comunico-vos que o meu procedimento é espontâneo e pessoal, isto é, deixo de existir por minha livre vontade. Não há outra pessoa culpada, não carecendo o caso de investigações. A vontade dos mortos deve ser respeitada"*.

A outra carta é dirigida à família: *"Morri há dez anos no interior de um bonde em Porto Alegre. Desde então tentei ressuscitar. Quase consegui. Falem à minha mãe do meu enorme amor por ela"*.

Dallila nunca saberá que Aldara escreveu uma carta à família. Ao saber da morte da filha desaba em desespero. Não bastasse tudo o que vem sofrendo nos últimos dez anos, a vida ainda lhe reserva mais uma provação – a pior de todas. Sua pequena Aldara, a menina que nasceu dela, que viu crescer, que a acompanhava risonha naquela ensolarada manhã de sábado interrompida bruscamente pela sangrenta desgraça produzida pelo gesto tresloucado do pai, agora ela própria estipula para sua breve existência um trágico e contundente final, algo que Dallila cogitara várias vezes durante seus momentos de agonia, mas não o fez por amor aos filhos.

Pelos jornais, fica sabendo dos motivos que levaram sua filha querida a cometer o gesto extremo. Amaldiçoa o ex-marido e culpa-se por não estar ao lado da menina para apoiá-la naquela hora sombria em que as decisões drásticas são tomadas. Lê então, ao pé da notícia, o supremo insulto. Eduardo declarou à imprensa que Aldara era órfã de mãe. Sente-se como se ele tentasse matá-la outra vez.

Diante do novo ato de crueldade, manda publicar em todos os jornais de Porto Alegre e do Rio de Janeiro um pequeno anúncio pago: *"Dallila Cunha, ainda sob a emoção da grande dor pela morte de sua querida filha Aldara, agradece de coração aos parentes e pessoas amigas que a confortaram pessoalmente, por carta ou telegrama. A todos, a imorredoura gratidão de uma mãe inconsolável".*

Apesar de tudo que lhe foi tirado, Dallila está viva.

FIM

FIM DA LINHA
O crime do bonde

Livro composto para a Libretos Editora,
nas fontes Book Antiqua e Council,
impresso sobre papel polen 80 (miolo) e
papel supremo 250 (capas),
com 268 páginas, pela Gráfica Eskenazi,
em maio de 2021.